ザ・ラストマン

日立グループのV字回復を導いた「やり抜く力」

川村 隆

角川新書

新書版まえがき——若い企業人の皆さんへ

ポストコロナの時代では、企業の中身は相当変わりそうです。

社会も「モノを求めて」から「幸せを探して」に大きく変わり、個人の生き方は「働きがいの追求」のみではなく「生きがいも求めて」となるのでしょう。

「働きがい」というと社会的な評価を得ることが一つの目標になりますが、「生きがい」のほうは〝本当にやりたいことを一生の間に一つは実行し、その評価は自分自身で〟となります。

どちらを追求するにしても、課題解決において自分が最終意思決定者、つまり「ザ・ラストマン」になる覚悟をした上で対処すると、結果に結びつきやすいし、何より楽しめるということを以下に述べたいと思います。

企業人として働きはじめて以来、皆さんはどんな感想を持ったでしょうか？

「毎日の仕事は些事《さじ》ばかりで、繰り返しも多くつまらない。今はただ大きい組織の中の歯車みたいなものだから、もう少し続けてみよう。仕事の全体像が見えてくると面白くなるのかもしれない」と思っている方も多いと思います。

そうなのです。もうじき、小集団のプロジェクト活動へ参画する機会を上長が作ってくれるかもしれません。

たとえば電力会社で、発電所の発電量増加による「稼ぐ力増強のプロジェクト」を起こすとします。上長は水力発電所の定期検査の改革などから追求してみよ、と粗筋を示唆するのみに留《とど》めて、実務は若い人達の小集団によって行われるよう仕向けます。場合によってはこの粗筋の考案も、その小集団に任せるケースも大いにあり得ます。

「これまで二〇年もの間〝三五日間〟に決まっていた水力発電所定期検査を〝二五日間〟にすることができれば、一〇日間も余計に発電ができ、その分の追加利益は〇〇億円となり、全社的な貢献になる」「一〇日間短縮の隘路《あいろ》事項（計画遂行の妨げとなる点）は水車の補修加工と導水水路の補修工事だから、これを火力タービン工事や水道局からの最新技術導入で実行可能にしよう」「期間短縮によって品質低下が起こらないように予防対策もやっておこう」――という具合に小集団の若い人々だけで討議をして、分担を決めて進めるのです。

この過程で参加者達は、自分達で意思決定をして、それを実行し、成果を見ることの重要性と楽しさを実感します。これこそイノベーションであり、プロセスイノベーションです。誰だって自分が最終意思決定者かつ実行者になるのは、うれしく楽しいことでしょう。ましてイノベーションに関われるのですから。

自分の人生においても、結婚、海外赴任、転職、子育てなど、「重要な意思決定場面」は次々に訪れます。その最終意思決定は自分や家族でやるわけですが、企業内のプロジェクトへの対応も同じことです。

大切なことは、さきほどの例のように、仕事の場面においても、自分一人、あるいは小集団で最終意思決定者つまり「ザ・ラストマン」になる機会を少しずつ創り、小さなラストマンを職場に増やすことです。そして、大きなラストマンになる人も次第に出てくるように経営層・中堅層も、そして若手層も工夫をすることです。

テーマは先の例のような業務プロセスに限りません。出張旅費精算でもよし、資材調達の価格決定でもよし、顧客層拡大の隘路打開でもよし、何でもよいのです。若い企業人たる皆さんが、定められたプロセスを真面目に受動的に遂行することから出発して、次第に仕事を任されるようになり、上長との間で業務遂行約束（ジョブ・ディスクリプション）を結び、前述の小集団での改善・改革のスタイルに持って行くことが大切です。

要は、自分達の組織をどういう形に持って行きたいのか、どう変えていけば最適なのかを、若い人も中堅層も経営層も含めた皆で能動的に考え、実行することが大事なのです。

これが日本全体の共通課題である「熱意なき職場」の改革にもつながり、個人の働きがい・生きがい追求にも、また、労働市場の流動性改革にもつながり、ポストコロナ時代の厳しい状況下での経済の再活性化の原動力ともなります。

若い企業人の皆さん、本書の中の考え方や実行例から、「ザ・ラストマン」を自分の場合に当てはめて考えてみてください。

二〇二〇年十一月

川村　隆

目次

第6章　私たち日本人に必要な「意識」とは何か　――グローバル感覚とダイバーシティ

編集協力　大畠利恵

「自分の後ろには、もう誰もいない」と思ってみる——

はじめに――当たり前のことをきちんと、しかし楽観的にやり抜いてみる

カリスマ性だけで会社を引っ張っていくことは、難しい時代になりました。

むしろ今はカリスマ性に代わり、ある種の心構えと、それに伴った実行があれば、仕事で楽しく、成果を出していくことができる――と、そんなふうに思うことがあります。

これを一言で表せば、本書を通して紹介する「ラストマンになる」ということになるのでしょう。ラストマンという言葉については序章で説明しますが、ここでは「最後に責任を取ろうとする意識のある人」くらいの意味だと考えてください。

企業には社会のなかで役割があり、社長には会社における役割があり、あらゆる社員にも役割があります。今は、その役割を全うし、それぞれのプロフェッショナルとして責任を持つことへの要求水準が、高くなってきています。

営業部門は求められるものを売るプロ、資材調達部門は世界からものを買ってくるプロ

でなくてはいけません。会社の規模を問わず、各リーダーたちも、それを支える人たちも同じです。社長はもちろん業績を上げるプロ、大きな枠組みでいえば、会社員はビジネスのプロです。

自業種のなかで「ビジネスとしてうまくいく場所」をかぎ分け、「これは世間では話題になっているが、ビジネスにはならないな」といったことも、きちんと見極める。こうした、プロフェッショナルとしての自分たちへの要求が、大変強くなっているということです。

そんな状況に加え、ビジネスの時間軸は大幅に縮まりました。先月決めたことを、今月は翻さないといけない、というケースもざらです。変化が激しいビジネスの現場で、みな試行錯誤をしていますし、何か試されているように感じる人もいると思います。

そのようなときこそ、一つひとつの決断を、自分で責任を持って下して、実行していくことの重要性が増すものなのです。

「責任を持って」などと書くと、ちょっと辛《つら》そうだと思うかもしれませんが、そうではありません。逆に、受け身の姿勢が少なくなれば、当事者意識が持て、いろいろなチャレンジもでき、仕事はもっと楽しくなります。責任を取る意識を当たり前のことと割り切って、行動を起こしてみましょう。すると意外と、あらゆる局面での決断や実行が、スムースに、より正しく行うことができるようにもなるはずです。

たとえば皆さんはこれまでに、人生の岐路のような場所に立ったことがあるでしょう。私が人生の大きな岐路に立ったのは、六九歳のときでした。七〇歳を目前にして、日立製作所の社長への就任を要請されたのです。

正直、最初は迷いました。なぜなら当時の日立製作所は、七〇〇〇億円を超える赤字を抱えている状態。今では総合電機メーカーの代表の位置にあり、海外へ打って出ていける日本のリーディングカンパニーと目されていますが、じつは数年前まではうまくいっていなかったのです。

このような場面で、進む道を決めることは、難しいものです。

当時の私の年齢からして、社長就任を辞退しても誰も責めはしなかったでしょう。また、引き受けたとしても、その後、社長としての自分の決断・実行には、プレッシャーが重くのしかかります。

〝リスク〟を回避して事なきを得るのか、〝責任〟を前向きに受け止め前進するか――そのようなときに、私の背中を押してくれたのも「ラストマンになる」意識でした。

私は改革の陣頭指揮をとる道に踏み出し、淡々と決断・実行を重ねていきました。そして、皆の協力によって、私が取締役会長を退任する二〇一四年までの五年間で、日立グループを、過去最高益を出すところまで復活させることができたのです。

本書では、日立グループがV字回復した方法論にも多く触れます。しかし、私が一番お伝えしたいのは、会社を再建させる方法ではなく、一人ひとりが「ラストマン」として働いていくことの先に、より良い結果が待っている可能性が高い、ということなのです。

では、前向きに課題を乗り越え、前進していくには、具体的にどうしたらいいのか。日々誠実に仕事に向かい合い、仕事を最後までやり遂げる意志のある人がリーダーとして成果を出すでしょうし、特別な方法論はない、というのが本当だと思います。私が実践してきたことも、ごく当たり前のことです。本書に書いていることも、一見、当たり前の話のように思うかもしれません。どこの会社でもやっていて、どこの組織でもやっている話だ。特別なことはない、と。しかし、その当たり前のことを意識して、実行し続けている人が多くなれば、会社の業績も、日本の経済状況も、もっと前進しているはずなのではないでしょうか。

本書にあることは、日立グループのように規模の大きい会社でだけ通用する話ではありません。あらゆる会社で、あるいは日々の仕事でも活かせることは多々あるはずです。そういう意味では、これから日本経済の担い手になる若いビジネスパーソンにも、ぜひ読んでもらいたいと思っています。

若い方のなかには、自分一人が変わってもどうしようもない、と考える人もいるかもしれません。たしかに、大きな改革は、経営トップの意識が変わらなければ不可能です。それでも、一人ひとりが自分で責任を持つ意識を持たなければ、会社が変わるきっかけも生まれないのではないでしょうか。

ちょっと厳しく聞こえるかもしれませんが、会社内に〝お仲間〟をつくっていても意味がありません。

たくさんの人と〝話し合い〟だけを続けても変化は起こせません。

外部環境に責任を押しつけても仕方ないでしょう。

結局、自分がやるしかないな――そんな感覚で、しかし楽観的に、淡々と実行を続けることこそが重要です。

まず自分から変わるために。本書が、皆さんがザ・ラストマンとして目覚めるきっかけになれば、著者として望外の喜びです。

川村　隆

序章「自分の後ろには、もう誰もいない」
——ザ・ラストマン——「この覚悟」を持っていますか

私の意識を変えてくれた「この一言」

皆さんは「ラストマン」という言葉を聞いたことがありますか。

英語に強い方は、「そんな単語、あったかな」と思うかもしれませんし、そうでなくても、辞書を引いてみると該当する単語がないことがわかります。

「ラストマンになれ」

私がこの言葉を聞いたのは、三〇代のころです。

当時の私は日立工場に勤めていて、たしか設計課長に昇進したときのことだったと思います。日立工場長だった綿森力《わたもりつとむ》さんが、工場の執務室の窓の前でこう言いました。

「この工場が沈むときが来たら、君たちは先に船を降りろ。それを見届けてから、オレはこの窓を蹴破《けやぶ》って飛び降りる。それがラストマンだ」

そのときから、私の胸に「ザ・ラストマン」という言葉が深く刻まれています。

これは、おそらく綿森さんがつくった言葉でしょう。綿森さんは小柄な人で、海外に行くと「He is small, but he is a great boss.」などと言われるような方でした。後に日立製作所の副社長も務めています。

誰かが昇進したときに、「これからは、お前がこの課のラストマンなんだぞ。お前が責任を取る意識を持ってないと、すべてが始まらない。部下に仕事をやってもらうのだとしても、最終責任はお前が取れよ。最終的な意思決定はお前がやるんだぞ」というのが、綿森さん流の激励の仕方でした。

それ以来ずっと、私はラストマンであろうと努めてきたのです。

昨今、日本では企業が不祥事を起こすたびに、トップが集まって謝罪会見を開きます。フラッシュがたかれるなか、トップが「申し訳ありませんでした」とそろって深々と頭を下げる光景は、見慣れたものになってきました。このような会見は世界的にも珍しく、日本ならではです。もちろん謝罪をすることは大切ですが、それと「責任を取る」ということとは大きく違います。にもかかわらず、会見には「謝罪をすればこの問題は終わり」とでもいうような空気も感じられます。

本当は、そこに至るまでの過程と、そこから先のほうが重要です。問題が起きた原因を探り出し、担当者の処分が必要なら処分し、再発防止をするべく体制やシステムを見直す。

迷惑をかけた人にも誠心誠意をもって対応する。そうやって全力で問題解決のために立ち向かうことが肝要です。

さらに言うなら、そのような事態を招かないように日頃から社員の教育に力を入れ、社内のシステムを構築しておく。日本では、そのような「ラストマン」がまだまだ少ないのが現状ではないでしょうか。

こうした意識は、資質や家庭環境などである程度決まる面もあるかもしれませんが、基本的には教育によって育てられると私は考えています。そして、一人ひとりがザ・ラストマンの意識を持つことこそが、日本の未来を切り開いていくとも考えているのです。

ラストマンとは何か――ハイジャック事件に遭遇して

忘れもしない、一九九九年七月二三日。

その日、私は北海道へ出張に行くために羽田《はねだ》発・新千歳《しんちとせ》行きの全日空の飛行機に乗っていました。日立製作所の副社長になり、間もないころです。

私は仕事に備えて資料でも読んでいたのだと思います。房総《ぼうそう》半島のあたりで飛行機が急にUターンをしたので、「おや？」と思いました。飛行機がUターンをすることなど通常はあり得ません。「燃料切れだろうか？」と様子を窺《うかが》っても、機内アナウンスも何もありません。周りの乗客も、「飛行機が東京に戻っているんじゃないか？」「どうしたんだろう」と戸惑っています。

どれぐらいの時間が過ぎたでしょう。突然ビープ音が鳴り響き、「この機はハイジャックされています。シートベルトをしっかりつけ、立ち上がらないようにしてください」と緊迫した女性の声でアナウンスが流れたのです。

機内は一瞬静まりかえり、その後パニックになりました。乗客の叫び声、子どもの泣き声、「大丈夫だ、落ち着け！」といった声があちこちで上がります。私は震える手でシートベルトを締め直しました。

途端にエンジン音が高まり、機体が急降下を始めました。機内から悲鳴が上がります。窓の外からは、地上がぐんぐん近づいてくるのが見えました。

「もうダメだ。墜落する」

私は目を閉じ、肘《ひじ》掛けを握りしめ、死を覚悟しました。かなり長い間、落ちていったような気がします。しかしやがて、大音響とともに機体は上昇し始めたのです。

全日空61便ハイジャック事件――機長は犯人に首を刺されて亡くなったという痛ましい事件です。二階建ての機体の一階部分にいた私は、機内で何が起きていたかを、後の報道で知ることになります。

メディアが伝えたことによれば、二階のコックピットに刃物を持った青年が押し入ったことから事件は始まりました。その後、副操縦士は追い出されてしまい、なかは機長と犯人の二人きり。一部始終を見ていた二階の乗客たちが何とかしようとコックピットのまわりに集まっても、CA（キャビンアテンダント）たちは、「マニュアルにのっとって対処していますから、大丈夫です」と席に戻るよう促したといいます。

そこに、パイロット服を着た初老の男性が現れ、「お前たち、何やってるんだ！」と怒鳴りつける。CAたちが「マニュアルが……」と答えると、「マニュアルなんて関係ないだろ！」と一喝したということです。

その男性は非番のパイロットの山内純二《やまうちじゅんじ》さん。新千歳発の飛行機を担当するために、たまたまその便に乗りあわせていたのです。

山内さんは、追い出された副操縦士とそばにいた乗客たちに、「操縦桿《かん》はどうも犯人が握っているらしい。機長は怪我をしているのか、操縦桿を握れないようだ。横田《よこた》基地に着陸しようとしているらしいが、このままでは墜落する恐れがあるので、自分たちが突入しようと思う。自分を信頼して協力してほしい」と、反対するCAを制止し、要請しました。

その後、山内さんがコックピットの扉を蹴破って、副操縦士と共になだれこみ、操縦桿を奪い返し、何とか機体を立て直したのです。

この事件に遭遇して、私の人生観はガラリと変わりました。

人はいつ死ぬのかわからないのだという事実を突きつけられ、一日一日を大切に生きなければならないという自覚が芽生えたのです。そのときは五〇代になっていましたが、自分の残された人生をどう生きるかまで真剣に考えたことはありませんでした。この事件をきっかけに、第二の人生がはじまったようなものです。

また、緊急時にこそラストマンになることが必要である、と心を新たにするきっかけともなりました。この事件において、山内さんはまさに「ザ・ラストマン」でした。亡くなった機長もそうでしょう。最後の最後まで犯人を説得しつつ、何とか飛行機を無事に着陸させようとしていたのです。

他の乗員たちも、機長や山内さんと同じようにハイジャックが起きたときを想定して訓練を受けていたはずです。しかし、マニュアル通りに行動してくれるハイジャック犯などいません。そのような飛行機が墜落しかけている緊急事態であっても、マニュアル通りに行動しようという意識が働くものであることを知ったのは、大きな学びとなりました。

マニュアルよりも「自分で何とかしよう」とした非番のパイロットがいなければ、今私はこうして生きていられなかったと思います。

「沈みかけている会社」に対してできること

一つの会社を緊急時の飛行機にたとえれば、ラストマンになる人が必ず一人は必要です。とはいえ、その一人になる覚悟はなかなか持てるものではありません。

二〇〇九年、三月。一本の電話がかかってきたときもそうです。

「指名委員会は、川村さんを次期社長に指名したいと考えている。日立製作所に戻ってきてくれないか」

日立製作所の庄山悦彦《しょうやまえつひこ》会長（当時）からそう言われたとき、私は息をのみ、しばし受話器を握りしめました。まさに青天の霹靂《へきれき》で、予想だにしていなかったことでした。

その年の一月三〇日に、日立製作所は三月期の連結決算で従来予想の一五〇億円の黒字から、最終損益が七〇〇〇億円の赤字になると発表しました。その数日後、日立株は売り注文が殺到して一時は取引価格がつかないほどの大混乱に陥ったのです。あちこちで「倒産か？」などとささやかれはじめてもいました。そのようなさなかでの電話です。

当時の私は六九歳で、日立製作所の子会社である日立マクセルの会長を務めていました。古希を迎える年になり、そろそろ引退を意識しはじめたころでもあります。

「なぜ私に？」と当惑し、そのときは「しばらく考える時間をください」と答えるので精一杯でした。

私は日立一筋で生きてきました。日立製作所に入社し、五〇代で日立工場の工場長を務め、取締役、常務取締役、副社長になり、傍からは出世コースを順調に歩んでいるように見られていたようです。

しかし、二〇〇三年にはグループ会社に転出となりました。それは当時の日立本体では、それ以上の出世は望めないという意味でもあります。

普通は、こういう場面で「自分の会社人生は終わりに近づいた」と落胆し、会社の決定を恨むものなのかもしれません。しかし、私はもともと「社長は自分からなりたいと思ってなるものではなく、その時代が求めた人物が抜擢《ばってき》されるもの」と考えていたので、グループ会社で粛々と自分の使命を果たそうと気持ちを切り替えていました。

そのようにして日立製作所を離れてから六年。日立製作所では、グループ会社に転出した人物が戻ってきて社長になるのは、まったく前例のないことです。異例の選択肢を選ばなければならないほど、日立製作所は切羽詰まっていたということなのでしょう。


私はあまり物事に動じない性格であり、周りからもそう思われています。そんな私でも、この要請には動揺し、心が乱れました。すぐには決断できず、同期入社で既に退職している友人たちに、電話をかけて相談してみました。どの友人も電話の向こうで、言葉をなくしていました。

「この間の報道だと、最終赤字は七〇〇〇億円という話だろ？　今戻ったら大変じゃないか」

「晩節を汚すから、やめたほうがいい」

みな私を心配して、口々に反対しました。どれももっともな意見ばかりです。

六九歳で日立本体の新社長をやるのは、いくらなんでも無理がある。体力的にきついし、気力を保《たも》つ自信はない。社外からも「なぜ、若手を選ばないんだ」と非難されるだろう。赤字の企業を立て直すには、もっと若いリーダーのほうがふさわしいのではないか――私の心は、だんだん断るほうに傾きはじめました。

気分を変えるために、自宅近くの公園まで出かけて、ゆっくり雑木林を散歩しました。暖かな日差しが林に差し込み、「もうすぐ春だなあ」などと考えているうちに、気持ちが落ちついてきました。

そのようなとき、私の脳裏に浮かんだのは、ハイジャック事件のときの光景です。飛行機が落ちそうになっているときに駆けつけて、身体を張って守った非番のパイロット。それが組織に勤める者の覚悟であり、責任ではないでしょうか。

そして、「一度はなくしたも同然の命。一生に一度は大きな組織を動かす意思決定者になるのもいいのではないか」と思ったのです。

沈みかけている日立製作所に戻り、再浮上させよう。それがザ・ラストマンとして最後にできることだと決意を固めました。

「自分がみんなを食べさせる」という考え方

社長に就任すると表明した後、「六九歳の人を社長にしなければならないほど、日立には人材がいないのか」と、メディアからはかなり叩《たた》かれました。

実際は、日立には若手の優秀な人材も大勢いました。しかし、日立のグループ会社のトップには、私のように本体から離れたOBが多く就任しています。本体で若い社長が改革をしようとしても、年配のグループ会社のトップ達は難色を示すかもしれません。そんな事情があるなか、私はグループ会社のトップの中では年長だったため、改革を進めやすいだろうという理由で、指名委員会が本体トップに選んだのだと考えています。もしかしたら、他の人は火中の栗を拾いたくなかったという事情もあったのかもしれません。

私が日立に入社して間もないころ、後に日立製作所の社長になる三田勝茂《みたかつしげ》さんと知り合う機会がありました。

そのころ三田さんは国分《こくぶ》工場の工場長で、四〇代ぐらいだったと思います。

「自分は大学を出てしばらくしたらね、現場の人達をどうやって食わせようかなって考えるようになったんだよ。設計を考えて、図面を描いて、それを現場の人に渡して製品をつくってもらうでしょ。その現場の人達は一〇〇人ぐらいいるんだよ。自分のトランス（変圧器）をつくってくれる人が一〇〇人もいる。そう考えたら、つくってくれる人達を食わせていけるような製品を生み出さないといかんな、って気になったんだ。君もそうなりなさいね」

そう教えていただき、完全に理解していたわけではありませんが、「うーん、そういうものなのかな」と思ったことを覚えています。

私は、工場で強度計算をして「これなら壊れないかな」とチェックするような、ものづくりが好きでした。しかし、その言葉を聞いてからは、取引先に注文を取りに行く営業の仕事も苦になりませんでした。工場で真っ黒になって働いている人達を見て、「この人たちを食べさせないといけないなあ」と、未熟ながらもザ・ラストマンとしての自覚が芽生えたのです。

このように、人から投げかけられた言葉の端っこが心に留まり、人は教育されていくのかもしれません。

それから四〇年以上が過ぎ、私は日立製作所の人たちを「食わせないといかん」と戻ることを決意したわけです。

一人ひとりが、会社から給料をもらうだけではなく、「自分がみんなの給料を稼ぐ」という意識を持てるようになれば、会社は再生できるはず。その意識改革のために私は戻ってきたようなものでしょう。

この意識を持てば、やりがいを感じることができて、仕事も楽しくなると思います。逆に、何となく目の前の仕事をこなしているだけではラストマンにはなれませんし、仕事もつまらなくなってしまう。自分の生活のために働くのも大事ですが、周りの人の生活を支えるという意識を持つと、仕事の取り組み方は変わってくるはずです。

アメリカの大統領ハリー・S・トゥルーマンは、「The buck stops here.」が座右の銘だったと言います。

「buck」は牡鹿《おじか》のこと。昔、アメリカではポーカーでいかさまがはやり、殺し合いにも発展したので、親役の人がナイフを持っていたようです。そのナイフが牡鹿の角を柄にしていたことから、buck はポーカーの親を示す印になりました。そこから、「責任」といった意味合いにも転じたといいます。

「The buck stops here.」は、意訳すれば「仕事の最終責任は私にある」という意味でしょう。トゥルーマンはその言葉が刻まれた置物を、大統領執務室の机の上に置いていました。

アメリカの大統領であっても、「何かあったときは責任を取れ」と自分に言い聞かせていたということです。責任を取るには覚悟や勇気が必要ですし、その決断が誤っていたら職を辞さなくてはなりません。一つひとつの決断に決死の覚悟が必要なのです。

しかし、決断を下して実行して困難を乗り越えたときには、今まで感じたことのない充足感や達成感を得られます。ラストマンである人たちは、その喜びも知っているから、ラストマンであろうとするのかもしれません。

皆さんも、「オレが責任を取るからやってみろ」と部下たちに言ってみてください。きっと、ザ・ラストマンとしての新たな世界が開けます。

私の場合は、この覚悟で日立をV字回復に導こうとしていました。

第1章　大事なときに「何を決めるか」「どう決めるか」

――リーダーに求められていること

仕事に必要な「スピード」の本質

語弊を恐れず言えば、たいていの改革は、スピードさえあれば何とかなるものです。先手を早く打てるというだけでなく、撤退、あるいは修復にも早く着手できるようになるからです。ところが、どんな組織にも、そのスピードを殺す原因となるものがたくさんあることが問題になります。

ご存じない方が多いと思いますが、「日立時間」という言葉があります。かつての日立は、とにかく決断や実行が遅かった。正確にいうと、日立製作所、つまり日立本体の決断や実行には時間がかかったのです。

一方、子会社はそうでもありませんでした。子会社の多くは日立本体の二〇分の一ぐらいの規模です。自社で使える資金がどれぐらいあるのかが明確で、「今年度はこの事業にこれぐらい投資しよう」と即決できます。現場とトップの距離も近く、現場から稟議書《りんぎしょ》が上がってきて決定するまでの時間もそれほどかかりませんでした。

ところが、日立本体は巨大な組織です。一部門で赤字を出しても全体には影響しないので、なかなか「すぐに改革しよう」という意識にはなりません。「何とかしなければ」と改革案が出されても、あちこちから反論が出てきて話が進まないという事情もありました。「先送りしよう」という決定自体を、何時間も話し合って決めている状態だったのです。

その意思決定の遅さから、「日立時間」という言葉が生まれたのでしょう。社内で誰かが言い出したのか、あるいは日立と取引をしている企業がそう揶揄《やゆ》するようになったのかはわかりません。

序章でお伝えしたように、七〇〇〇億円以上もの赤字を抱え、国内製造業では過去最悪の数字だと騒がれていた最中に、私は古巣の日立本体に戻ってきました。

瀕死《ひんし》の状態の日立製作所で、何をすべきなのか。

それは既に明白でした。私は子会社に出向となり、外から日立製作所を見ることができたので、何が根本的な問題なのか、よく理解できていたのです。

私が日立本体で、まずすべきこと。その一つは、「日立時間を短縮すること」と言ってもいいかもしれません。

項の冒頭にも書いたように、「改革は、スピードさえあれば何とかなる」ものが多いと私は考えています。逆に、目まぐるしく世界情勢が変わる今の時代に、昔のようにあらゆる部署の要求を聞き、みなが納得するような案を導き出すようなやり方をしていたら、改革はできません。結論が出るころには、他の企業ははるか先を走っているでしょう。

しかし、スピードをもって改革をしていれば、たとえ経営判断で誤りがあったとしてもすぐに撤退でき、修復できます。何も行動を起こさないで議論を重ねるより、行動を起こしてから修正する。今の時代は、そのスピードこそが求められています。

改革に時間をかけることによるデメリットは、さまざまなものがあります。次々と反対勢力が出てきてしまうのもその一つです。

どんな改革であっても、必ず反対勢力や抵抗勢力は出てきます。それが痛みを伴う改革であるなら、なおさらです。決断して実行するまでに時間がかかると、その反対勢力に根回しをされ、改革を断念せざるを得ない状況に追い込まれる場合もあるのです。

これは大企業病の最たる例です。日立に限らず、どの企業や組織でも見られる光景でしょう。皆さんの企業、あるいは部署でも起こり得ることです。国を見ていても、そうやって頓挫《とんざ》した改革がいくつあったことか……。

日立本体に戻った日から、スピード改革を始めました。この章では、日立が過去最大の赤字からV字回復を果たすまでのプロセスを示しながら、ラストマンになるためのポイントを考えていきたいと思います。

「V字回復」などと聞くと、経営者にしか関係のないことだと思うかもしれません。しかし、いずれ皆さんも上級管理職になり、さらには経営者の立場になるかもしれないのです。会社経営には必ず波があり、絶好調のときもあれば、低迷するときもあります。もっと言えば、「倒産する可能性のない会社は、ない」と言ってもよいほどです。それはリーマンショックのような外部的要因によってもたらされる場合もあるでしょう。

大事なのは、どん底に落ちないことではありません。どん底に落ちてから、いかに復活するか。それが会社経営において真価を問われるときです。そのときのためにも、今から経営のかじ取りの仕方を学んでおくことには大きな意味があります。

日立の社員にも、早い段階から経営のかじ取りを実地で学べるような教育を行っています。皆さんも、本書でぜひその疑似体験をしていただければと思います。

意思決定者を少なくすると「結論が尖る」

「全員が満足するための話し合い」は、企業のスピードを殺す原因の一つになり得ます。

二〇〇九年、三月二三日。丸《まる》の内《うち》にある日立製作所の本社二七階の会議室に、私と五人の副社長が集まりました。四月一日からの正式な着任前に、まず集合したのです。

改革をするにあたって、最初に私が手掛けたこと――それは、意思決定をする人数を絞るということでした。

「この六人で、一〇〇日プランでやっていこう。一〇〇日目の七月一日に何らかの対策案が出揃うようなスピードでやろう」

私がそう宣言すると、みな緊張した面持ちで頷《うなず》きました。

それはそうでしょう。以前は大人数の経営会議で決めていたものを、これからは一人ひとりがラストマンとなり、赤字であえぐ企業にメスを入れる役割を担うことになるのです。

その五人とは、子会社に出ていた中西宏明《なかにしひろあき》（現日立製作所取締役会長兼執行役）、同じく子会社でトップを務めていた八丁地隆《はっちょうじたかし》と三好崇司《みよしたかし》、営業経験が長くグループ会社トップも務めた森和廣《もりかずひろ》、情報通信担当の髙橋直也《たかはしなおや》。このうち、私と八丁地と三好は同じ「たかし」で、それぞれ出戻り組なので、「三たかし、波たかし」などと揶揄するメディアも当時はありました。

日本の会議の問題点は、今も昔もそれほど変わりません。

長時間かけて話し合っているのに、何も決まらない。二〜三時間かけて話し合っても結論を出せないので、「次回に持ち越しましょう」と、先送りをすることを決めるというケースは多いはずです。

かつての日立本体もそうでした。

結論を出せない原因は何でしょう。

それは〝大人数〟で〝話し合い〟をしているからです。

私が社長になる前は、経営会議にも一三人が集まり、意思決定をしていました。一人ひとりの意見を聞いていると、「いや、それしか予算をつけてもらえないとうちの部門は困ります」「うちの部門を縮小させたら、三〇〇〇人の社員はどうするんですか」と、それぞれが自分の部門を守ることに必死になる。すべての意見を反映させようとすると、結論はどんどん丸くなっていき、無難なところに落ち着いてしまいます。

これだとスピードのある改革ができません。指導力を発揮するラストマンがいない状態だともいえます。

これは多くの企業でよくある状況ではないでしょうか。何か計画を立てても、あちこちから横やりが入って頓挫してしまう。経営だけではなく現場レベルでもよく起きる話です。それを防ぐには、決定権を持つ人の人数を絞り、その上で、意思決定をする人が、一度決めたことをやりとげる意識を持つことです。そもそも「全員を満足させること」などできないのです。

「トップダウン」か、「ボトムアップ」か

意思決定をする人が多いことによるデメリットは、もう一つあります。それは、行動に移すまでが遅くなる、ということです。

たとえば、ある新興国に進出し、現地法人を立ち上げようといったプロジェクトが出たときのこと。最初は数人を現地に行かせて法人を一気に立ち上げようという計画であって

も、話し合いを重ねるうちに、「我々の部門は今人手不足なので、今回はちょっと遠慮させてもらいたい」という部署が出てきたり、予算もなかなかつかなかったりと、私の感覚からすると「話がなかなか進んでいない」と思えることになる。当初は一カ月ぐらいですぐに立ち上げる〝尖《とが》った計画〟が、だんだん丸くなっていき、スピードも鈍る。プロジェクトが立ち上がってから実際に着手するまでに時間がかかってしまうのです。

新興国でのビジネスは、いち早く乗り込むから大きく成長できるのであり、後発組になってしまっては事業の成長は困難になります。したがって、決定から実行までに時間がかかると、多くのビジネスチャンスを失ってしまうのは自明の理です。

他社に先駆けなければならない状況なのに、どうしても実行までに時間がかかる――実際にそのような場面を目の当たりにしたことも、副社長五人と私の六人体制で重要な決定をしようと考えるきっかけになりました。

社長と会長で意見が食い違い、結論が出ないことも往々にしてあります。私が社長になる条件として会長も兼務させてほしいとお願いしたのですが、これもやはり意思決定をする人数を絞りたかったことが理由の一つです。

これはつまり、トップダウンでいく方針を定めたということと同義です。会社の緊急時であるにもかかわらず、民主主義でみんなの意見を聞き、みんなが納得するような結論を出すボトムアップ型でやっていては、時間ばかりかかり、改革を実現するような尖った結論が出てこないからです。

このトップダウン方式は、リーダー層がかなりの覚悟を持っていないとできません。また、その決断が必ずしも正しいとは限らず、思ったような結果が出ない可能性もあります。

それでもとにかくこれでやるしかないのだと腹をくくり、実行するしかない。その結果の批判を受け止める覚悟がないと、トップダウンの体制は整えられません。私たちもそう考え、六人体制でやると決めてからは、ほぼ毎週六人で集まり、腹を割って議論をするようになりました。

もっとも、ボトムアップが必要な場合もあります。

船にたとえるなら、行き先や航海ルートは船長や航海士が決めますが、船内のメンテナンスについては、方法や実行するタイミングをボトムアップで決めていくでしょう。現場で気づいた改善点を提案してもらうには、ボトムアップが適しているからです。

経営方針や経営計画のような大きな決断はトップダウンで下し、現場レベルの提案はボトムアップで吸い上げるという二つの働きが循環しているのが、企業として理想的な姿だと思います。

現在でも、会社としての意思決定のうち、おそらく九〇%はボトムアップで決められています。残り一〇%の難しい意思決定、痛みを伴う意思決定をトップダウンで行わなければならない、ということでしょう。

「近づける」仕事と、「遠ざける」仕事

目の前の仕事に追いまくられていて、なかなか自分の得意分野の仕事に注力できず、能力をいまいち発揮できない。あるいはそんな時期を経験することがあるかもしれません。

そのようなときは、おそらく誰でも、成果の出る得意分野の仕事や、自分の置かれている立場から本分とすべき業務に、仕事時間を多く割り振り、切り抜けようとするのではないでしょうか。

一つの会社においても、緊急時を切り抜ける方法は同じです。どんな企業であっても、再生するための原則は次の二つです。

・出血を止める
・キャッシュを生む事業を見つける

この二本柱に沿って、戦略を立てていきます。

業績が悪化すると、経営者はどうしても出血を止めるほうだけに意識がいってしまい、コストカットやリストラ、事業所の統廃合や不動産などの資産の整理、資金繰りに追われます。それも大事な経営手段ですが、削ってばかりいると現場の士気は落ちてしまいます。やはり、「今後、我々はこの事業に重点を置いていく」といった、前向きな改革も同時に行わなければなりません。

私はこれを、「近づける事業と遠ざける事業を決める」と表現していました。近づける事業とは、これから注力していく事業。遠ざける事業とは撤退や縮小の対象にする事業のことです。

日立は多種の業種・企業を統合してできた巨大複合企業、つまりコングロマリットです。情報・通信、電力や鉄道、インフラ、都市開発、自動車機器、家電などが主要な事業となります。

手掛けている事業の種類が少ない企業なら、どれを近づけて遠ざけるかという判断は難しくないでしょう。しかし、九〇〇を超えるグループ会社がある日立とまではいかないまでも、事業の種類が多い企業であれば、一つひとつを精査していくのは時間がかかりすぎます。こういう場合は、大きなカテゴリーで見ていくしかありません。

産業構造はよく川の流れにたとえられ、上流・中流・下流に分類されます。

上流、中流、下流と業界ごとに分かれるというわけではなく、一つの業界でも上流から下流にまで分かれます。上流は製品の企画・開発、中流は製品を組み立てて流通させ、下流は販売やサービスです。

たとえば石油産業は、原油を探鉱し、開発・生産するまでが上流、原油の輸送や精製は中流、石油製品を販売するのが下流になります。

経済学者の伊藤元重《いとうもとしげ》氏は、「ここ二〇年ほどで日本市場はスマイルカーブ化している」と説いています。スマイルカーブとは、笑ったときの口の形のように、両端が少し上がった形の曲線のこと。これを産業に当てはめて、折れ線グラフとしてとらえると、上流や下流は高い利益率を上げていますが、中流は低くなっているというのです。つまり、日本においては中流には、あまり明るい未来はないのだとわかります。

日立はコングロマリットですから、上流から下流までの事業が入り交じっています。たとえば、モーターやタービン、インバーター、制御機器、特殊鋼などの素材、基幹部品は上流です。とくに素材関係は上流でも最強です。その素材を使わないと多くの製品をつくれないのですから、たとえば、機能性素材をつくっている日立金属という子会社の業績は堅調です。

電力のプラント、水処理プラント、鉄道、都市開発、情報通信などは下流のソリューション事業に位置します。

私達はこの上流と下流を合わせて、「社会イノベーション事業に集中する」という方針を定めました。社会イノベーション事業とは、私達が考えた造語で、電力や交通などのインフラをシステムごと請け負うＢｔｏＢビジネスを意味します。この方針は就任後すぐ、二〇〇九年四月には決めていました。

日立はもともと鉱山のモーターや発電機の開発からスタートした会社です。だから発電所や鉄道などの社会インフラの分野では力があります。さらにＩＴの分野も強く、それまでにも国や金融機関、インフラ企業のＩＴシステムを請け負ってきました。

ITと社会インフラの両方を合わせた、日立ならではの強み。それが社会イノベーション事業です。

消費者の皆さんからすると、日立は「家電メーカー」という印象がまだ強いかもしれません。事実、家電事業が売り上げの四分の一を占めていた時期もありました。

しかし、家電は中流になります。テレビや携帯電話のように組み立てて販売する事業は、日本でこれからさらに大きくなる可能性はなくなっています。中国や韓国などのアジア勢との過当競争に入り、既に日本は一人勝ちできなくなっていたのです。過当競争になるということは、日立がやらなくても、他にやる企業がいくらでもあるという意味です。

そういう事業は遠ざける対象になりました。総合電機メーカーの看板を下ろし、社会イノベーション企業として再スタートを切ることになったのです。

実は当時、上流と下流に集中して、中流を捨てようと最初から意識していたわけではありません。自社の強みを活かし、選択と集中を考えた結果、自然と近づける事業と遠ざける事業に分かれたのです。参考までにざっと次のように分かれました。

【上流】　研究開発／高機能材料／モーター／タービン／インバーター／制御機器

【中流】　テレビ／プラズマ・液晶パネル／中小型液晶／携帯電話／ハードディスクドライブ／半導体
【下流】　電力システム／鉄道システム／情報・通信／水処理プラント／都市開発

こうして今後の日立の方向性を示してから、止血の仕事に取り掛かったのです。

どこから血が流れ出しているのか

皆さんの会社や担当部署が赤字の場合は、どうしますか。

「うちの部署が赤字なのは、経営陣（上司）のせい」——そんな言い訳をするだけで、対策を講じないとしたら、何の解決にもなりません。

自分の部署で扱う製品の一つひとつの原価や材料費を調べたり、営業にかけるコストを洗い出したり、出血を止めるためにやるべきことはいくらでもあります。たとえ自分が生んだ赤字ではなくても、自分が尻拭《しりぬぐ》いをする覚悟で原因を探り出すしかないのです。

自分が社長になったつもりでシミュレーションするといいでしょう。これは企業の大小や職種に関係なく、たとえば家計であっても、赤字であるならばやることは同じです。

企業の止血をするには採算の取れない事業を撤退・縮小させる、リストラやコストカットをするなどの方法が一般的です。場合によっては金融機関への返済を待ってもらうといった資金繰りも含まれるでしょう。

半導体、プラズマパネル、携帯電話は以前から日立が抱える赤字事業でした。

半導体については社長就任直後に、三菱電機と共同出資していたルネサステクノロジをNECエレクトロニクスと合併させると発表しました。同時期に、プラズマディスプレイ工場の譲渡も決まりました。携帯電話はカシオとの合弁事業がNECと統合することになり、撤退するまでの道筋を整えました。

――これらは出血が見えている例です。どこから血が流れ出ているのかが見えていれば、その血を止めるのは比較的簡単です。

しかし、日立には、顕在化していない出血もあったのです。

日立には当時一六社の上場グループ会社がありました。

上場グループ会社は独立性が高く、独自に資金調達して企業規模を拡大できるメリットがあります。しかし、親会社以外の株主に利益が流れてしまうというデメリットもあります。これも血が流れ出ている原因です。

また、日立本体の事業と重なっている事業もあり、上場グループ会社と取引先が同じケースも多々ありました。日立本体が大型の案件を請け負ったとき、上場グループ会社にその一部の業務を託すこともあります。その結果、日立本体の利益が減ってしまうのです。

外部に流れる利益を止めるために、何をすべきか。

日立本体が上場子会社の株をすべて買い取り、完全子会社化することにしたのです(結果、そのグループ会社は上場廃止になります)。

対象は日立情報システムズ、日立ソフトウェアエンジニアリング、日立システムアンドサービス、日立プラントテクノロジー、日立マクセルの五社。これらの五社を選んだのは、社会イノベーション事業を強化させる、社会インフラと情報通信システム、リチウムイオン電池に関する事業を行っているからです。

これにはグループ会社のトップからは反発がありました。私自身もグループ会社の会長を務めていたこともあり、「自分たちの力で実績を築き上げて上場までしてきたのに……」という苦労もよくわかっています。それでも、日立本体を救うにはこれしか手立てはありません。私は「今は部分最適よりも全体最適を考えるしかない」とグループ会社のトップを何度も説得して回りました。

そして各社の株式の公開買い付け（TOB）を実施し、二〇一〇年の三月までに完全子会社化を実現したのです。その後も上場グループ会社の再編を進め、一六社あった上場グループ会社は現在（編集部注：二〇一五年時点）九社になっています。

大企業が最終赤字に下方修正したといったニュースをよく耳にするでしょう。あるいは、皆さんの勤めている会社が赤字を抱えているかもしれません。

外側から見たら、「さっさとあの事業から撤退すればいいのに」と思うかもしれませんが、実際にはそれほど簡単な話ではありません。他の企業に売却したり、他の企業と合併してから撤退するなど、損失を少しでも抑えるような方法を経営陣は模索します。それすら決断できずに、赤字の事業をずっと塩漬けにしてある企業もあります。一度始めた事業から撤退するのは、想像以上に難しいのです。それでもその会社全体のこと、会社の将来について考える、つまり全体最適を徹底して考えていけば、それ以外にとる道がないとわかることもあるのです。

ところで、改革のときにグループ会社だけに痛みを負わせたわけではありません。日立本体の大改革をしなければ、根本的な問題は何も解決しないのです。そこで同時に着手したのが、日立本体のカンパニー制でした。

「健全な競争」がラストマンを生む

私は「競争すること」を否定しません。

むしろ、健全な競争こそ、人や組織を発展させるのだと考えています。

健全な競争はお互いの実績を認めながら、会社全体で上をめざすような競争です。フェアプレー精神を持った競争とも言えます。

不健全な競争では足の引っ張り合いや陰謀、人を蹴落《けお》とすための策略が横行します。他の人を否定し、チームプレーができないので組織は衰退していきます。

健全な競争と不健全な競争を分ける一つの基準は、競争する土俵・枠組みがきちんと整っているかどうかでしょう。ルール無用で、場外乱闘も辞さない心持ちでは健全な競争とは言えないからです。

どうすれば評価されるのか、どこで誰と戦うべきか、どうすれば勝ちと言えるのか――それがはっきりしていればその分、安心して競争もできるはずです。

つまり、社員の尻に火をつけ、健全な競争を生み出す「仕組み」をつくることが、次なる課題です。そのために実行したことの一つが、「社内カンパニー制」だったのです。

社内カンパニー制とは、社内を事業部などの単位に分割し、それぞれを一つの会社に見立てる分権化の仕組みのことです。カンパニー長に社長並みの権限が委譲されるので、意思決定が速くなり、責任の所在も明確になるというメリットがあります。

それまでの日立はどんぶり勘定でした。業績の悪い部門があっても業績のいい部門の利益でカバーして、帳尻《ちょうじり》を合わせていたのです。したがって、赤字部門のリーダーや社員には危機感がない。期末になって交際費の枠を半分しか使っていないと、残すのはもったいないとどんちゃん騒ぎをして交際費を使い切っている例までありました。

カンパニー制は日立だけではなく、一九九四年にソニーが導入して以降、パナソニックや東芝など多くの企業で導入しています。ところが、ＮＥＣや富士ゼロックス、ソニーなどは早々にカンパニー制を廃止しています。その理由としては、次のデメリットが挙げられています。

・カンパニー間の連携が悪くなりカンパニーを横断する新ジャンルの製品を生み出せない
・似たような製品やサービスが、それぞれのカンパニーから同時にいくつも出てしまう
・経営資源が分散する
・責任が重くなるので、領域が曖昧《あいまい》だったり、成果が出るのに何年もかかる事業には手が出せない

各カンパニーの利益を重視するので、全社にとって最適な行動を取るという考えも弱くなるとも言われています。

日立への社内カンパニー制の導入を決めたのは、NECや富士ゼロックス、ソニーなどの企業が廃止してかなり経ってからです。他社のカンパニー制での課題は承知していましたが、それらは、少人数の経営会議のメンバーで摺《す》り合わせることで、ある程度回避できます。各部門のすべての利益代表が参加する多人数の会議ではうまくいきませんから、

「少人数で摺り合わせる」のです。また、後述しますが、予想されるデメリットを補って余りあるメリットがあるとも思っていました。

まず私達は、本社の事業は次の六つのカンパニーに分けました。

【情報・通信システム社】ストレージやサーバ、ミドルウェア、通信ネットワーク機器などのITプラットフォームの提供のほか、ITのコンサルティングやシステムインテグレーションなどのソリューション・サービスまで幅広く手掛ける

【社会・産業インフラシステム社】産業用機器の開発や、プラント向けトータルソリューション、鉄道システム、水処理事業も担当

【電力システム社】原子力や火力・水力などの従来の発電システムの開発、太陽光や風力などの新エネルギーの開発、送配電設備の提供など、電力に関する事業を行う

【都市開発システム社】エレベーター、エスカレーターや動く歩道など、昇降機を中心に、開発製造からメンテナンスまで行う

【情報制御システム社】情報から制御システムまでのトータルソリューションを提供。他カンパニーの横串《よこぐし》を通す役割も担う

【ディフェンスシステム社】防衛と大規模・広域災害発生時の復興支援、重要施設防護などの危機管理を事業の柱としている

これらは本社の事業であっても、上場子会社と同じ位置づけになります。独立採算性をとる、つまり今まで一緒に使っていた財布を別々にしたのです。

今までは事業部ごとに売り上げと利益ぐらいしか確認してこなかったのですが、カンパニーごとに貸借対照表や損益計算書まですべて提出してもらうようにしました。内部留保がいくら貯まっているのか、借金がどれぐらいあるのか、といった普通の企業と同じレベルの財務状況をチェックするようにしたのです。これは、社員全員にラストマンとしての意識を徹底させるためにも効果的です。

「フロントランナー方式」で競争する

責任を取る意識を持ってもらうのであれば、権限を持たせないとバランスが悪い。そのため、各カンパニーには一定の権限を委譲しました。

たとえば情報・通信システム事業において、グローバル展開の加速に向けてコンサルティング企業やデータセンター関連サービス企業を買収するような場合も、ある一定の金額までは本社の経営会議にかけて判断を仰がなくても、投資してもいいことにしたのです。

投資した事業で回収できなければ、そのときのカンパニー長の判断が甘かったことになります。そして赤字になったら、撤退するか縮小させるかの決断もすべて自分たちでしなければなりません。赤字になった分をどう補てんするのかも考えなくてはならないのです。

もちろん、黒字だったら更なる投資も可能です。

こうなったら本腰を入れて事業戦略を立てるしかありません。自然とライバル社との競争に目を向けて勝てる戦略を考えるようにもなります。他社を分析し、どこで差別化を図るのかを考えなくては、黒字化は難しいからです。

「競争しよう」と号令をかけるだけでなく、「競争する場」をつくることも大切です。

それぞれのカンパニーで扱う事業はまったく違いますが、仕事のやり方で競争をしてもらうことは可能です。日立グループのなかで「フロントランナー」になっているのはどこか、ということを競うということです。

たとえば、研究開発した成果をいち早く製品化する仕組みをつくったカンパニーがあるなら、それは高く評価され、そのカンパニーの格付け（後述）にも反映されます。カンパニーによっては、新しい市場を開拓することに長けている事業もあります。そういったフロントランナー性も高く評価されます（フロントランナー方式）。

グループ会社の日立建機は人材育成の一環として、「国際技能競技会」を開いています。国内外から技術者が参加し、計測や溶接、塗装などの技能を競い合います。世界レベルで競うことを通して、技術を向上させるのです。そのような人材育成の仕方をほかのグループ会社の人が教わりに行く。そうやって切磋《せっさ》琢磨《たくま》しつつ、健全な競争をする仕組みを整えていきます。

これは、「会社内での運動会」のようなものです。後述する「日立スマートトランスフォーメーションプロジェクト（スマトラ）」という経営改革のプロジェクトについて、グループ各社の取り組みの成果を発表する機会を設け、先進事例を共有することも、健全な競争につながるでしょう。

このような健全な競争意識は、社員一人ひとりをラストマンとして育てる効果もあるはずです。自分もカンパニーの一員として、利益にしっかり貢献できるようにならなければならない。そういう意識が芽生えることで、企業は活性化していくのだと思います。なお、このような「会社内での運動会」の幹事役は、日立本体の財務・人事・教育などのコーポレート部門が担います。コーポレート部門は、管理部門というよりは、サービス部門として、連結経営を推進する立場です。

「経営者意識」はどうすれば持てるか

ビジネスの一つひとつを「自分ごと」としてとらえるにはどうしたらいいでしょうか。カンパニー制を整えてから導入した「社内格付けの制度」に触れながら考えてみます。

一般的な「格付け」は皆さんもご存じでしょう。スタンダード・アンド・プアーズやムーディーズといった格付け会社が、企業をAからDまでに分けて評価します。投資家はその格付けをもとにどこに投資するのかを決めるのです。

日立ではこれを、各カンパニーの評価に導入することにしました。優良（A）、普通（B）、要注意（C）、要対策（D）の四段階に分け、さらに、「AAA」や「B+」のように細かく評価します。

この場合、日立本体の経営陣は、いわば金融機関のような位置づけでしょう。A評価のカンパニーは数百億円の投資でも本社の決裁を仰がずに決めてもいいことになっています。対してCやDのカンパニーには容易にはお金を貸しません。逆に経営陣が送り込まれて、事業の立て直しが図られます。

加えて、カンパニー長が投資家への説明会「Ｈｉｔａｃｈｉ ＩＲ Ｄａｙ」で自ら業績や経営戦略の報告をするようにしました。

それまでは日立本体の経営陣が一括して、各事業の業績や経営戦略の報告をしていました。矢面に立つのは経営陣なので、自分の部署が赤字であっても、各部署のリーダーはそれほど自分ごととしてとらえていなかったかもしれません。

それを自らがやらなければならなくなる。来年の売上高をこれぐらい伸ばし、どこの部門にいくらぐらい設備投資をして利益をこれぐらい上げる算段だ——と、データをもとにすべて自分で説明するのです。

国内だけではなく、海外での事業展開も示さなくてはなりません。

漫然と「グローバル化をめざす」と目標に掲げるのではなく、ベンチマーク（他社の優れた経営方法やマーケティング戦略などを分析し、自社の経営や営業手法などを改善する経営管理手法のこと）をし、対抗策を練る。そこまでを各カンパニーで考えるのです。

たとえば情報・通信システムの競合は国内ではＮＴＴデータや富士通、ＮＥＣ、海外ではＥＭＣ、マイクロソフト、ＩＢＭ、オラクルなどになります。海外の企業は営業利益率一〇％以上、売上高も一〇兆円以上と桁《けた》違いです。一方、日立の情報・通信システムの二〇一三年度の売上高は一兆九三四九億円、営業利益は一〇六五億円、二〇一四年度（見通し）は二兆二〇〇億円、営業利益は一二〇〇億円（編集部注：二〇一五年時点）。海外売上高比率やサービス売上高比率なども割りだし、データを開示します。

そのうえで事業方針や今後どのような事業を強化していくのか、経営基盤をどのように強化するのかといったことをプレゼンします。

とくに機関投資家にとっては直接自身の投資リターンに絡んでくるため、質疑応答の場では、経営者として試されるようなことを突っ込んで聞いてきます。競合にいかに勝つか、利益を上げるための具体的戦略や、経営リソースの配分などに関して直接説明を求められるのです。

このプレゼンで投資家がどれぐらい日立全体に投資するのかを決めるのですから、カンパニー長は責任重大どころの話ではありません。この説明会を開くようになってからは、完全に目の色が変わりました。

このようなシステムを導入してからは、「うちで使っているトイレットペーパーは、ちょっと上質すぎるんじゃないのか。もっと安いのはないのか」と総務部に尋ねるカンパニー長もいたそうです。

よく「一人ひとりの社員が経営者意識を持て」と言いますが、実際にはなかなか難しいことです。しかし、このようなシステムを作れば、否《いや》が応でも経営者意識を持てるようになります。そうして、ラストマンとしての意識もどんどん鍛えられていくのです。

なお、社内カンパニー制はその後も体制を変え、ヘルスケア社、電力システム社、インフラシステム社、交通システム社、都市開発システム社、ディフェンスシステム社、情報・通信システム社の七社になっています（編集部注：二〇一五年時点）。

また、子会社とカンパニーを連携させて一つのグループにしました。材料も、キーコンポーネントも製品も自分たちで作り、メンテナンスも最終的なサービスもグループ内で提供できるようにすることで、ライフサイクル利益の最大化を図ったのです。

本当の緊急時には「ひるんでいるほどの余裕」はない

株価二二七円。

その数値を見たときの衝撃は忘れられません。私は思わず頭を抱えそうになりました。株価二〇四〇円だったこともある日立（二〇一五年時点での過去一〇年来高値は九四七円：二〇〇七年四月）が、大まかに言えば一〇分の一の価値になってしまったのです。「まずいな。判断が甘かったか？」という思いがチラリと頭をよぎりました。

それは二〇〇九年一二月、公募増資を行うと決めた直後の出来事でした。

企業を再生させるには、やはり資金が必要です。

事業再編を進め、次の成長への足掛かりを作るには、かなりの費用が必要です。しかし、それだけの資金は日立にはもうなかったのです。

日立は〇八年三月末時点で二〇・六％あった自己資本比率は、〇九年九月末には一〇・九％まで低下していました。日本の企業の自己資本比率の平均は約二〇％、製造業の自己資本比率では約三五%と言われているので、かなり低い数値であることがわかるでしょう。

自己資本比率が低い企業は体力がないとみなされるので、鉄道や発電所などの大きな製品を買おうとする顧客がなくなります。そうなればますます業績が悪化するという悪循環にはまってしまいます。なんとか財務基盤を改善するしかありません。

そこで浮上したのが公募増資です。公募増資は現在の株主に限らず、広く一般の投資家を対象に新株式の割り当てを受ける権利を与える方法です。

日立の公募増資は一九八二年にニューヨーク証券取引所上場時に米国で行って以来、二七年ぶりでした。

ただし、公募増資は業績が好調なとき、事業拡大や設備投資をするために募るほうが理解を得やすいもので、業績が悪いときに行うと現在の株主が反発する可能性もあります。株を増やしたら、一株当たりの利益が希薄化するからです。

覚悟はしていたものの、公募増資を発表する前の終値は二九四円でしたが、発表後二週間で株価は下がり続けました。最終的な発行価格は二三〇円となり、四〇〇〇億円超を調達する予定が三五〇〇億円まで目減りしたのです。

それは私も含め、経営陣にとっては衝撃でした。株式市場が公募増資の決断に対してN

０を突きつけたようなものだからです。

この現実に、「やめることもできるのでは」という弱気の声も出ました。しかし、もう後には引けない状況まで追い込まれていたのです。

「やるしかない」と意を決し、私たちは株主に説明して回ることになりました。

日立の株主は、約三五％が外国人株主でした（二〇一四年三月時点で約四六％）。

そこで経営陣と財務担当者などでいくつかのチームをつくり、アメリカやヨーロッパ、アジアを手分けして回ることになりました。私が担当したのは北米の東海岸。ニューヨークやボストン、ニュージャージーなどを一〇日間かけて飛び回ったのです。

あの一〇日間ほどつらい体験は、なかなかできるものではありません。

訪問すると、株主は皆、重苦しい雰囲気で待ち構えています。

「さあ、話を聴かせてもらおうか」とばかりに、鋭い目で私たちを睨《にら》みつけます。資料を配って説明を始めると、首を振ったり、天を仰ぐようなしぐさをする人もいます。

そして、説明が終わるや否や、激しい口調で責め立てられるのです。

「どうしてこうなるまでほうっておいたんだ」

「あのとき事業を切るべきだと提案したのに、なぜ実行しなかったのだ」

「なぜ銀行にお金を借りないのか。日本の銀行は低金利で融資してくれるのだろう？」

どんなに責められても、私は繰り返し説明するしかありませんでした。

「現在、事業の切り離しや組織の再編を急ピッチで進めています。電力や鉄道などの社会イノベーション事業には成長のチャンスがあります。しかし、日立の自己資本比率は一〇%近くまで下がっています。信用を勝ち取るには、どうしても公募増資による自己資本比率の引き上げが必要なのです」

なかには、資料を説明している最中に、「こんな増資は認められない！」と株主に詰め寄られ、資料を取り上げられてしまったこともありました。日立の株価下落によって損失を被れば資金提供者の期待を裏切ることになるので、機関投資家も必死なのです。

他のチームが担当している地域の投資家のなかには、どうしても、会長兼社長である私の説明を聞きたいと言い張る人もいたので、急遽《きゅうきょ》テレビ電話でロサンゼルスの投資家と話をしました。相手は初《しょ》っ端《ぱな》から「こんなプログラムは認められない。今すぐ日本に帰れ！」と資料を叩きつけ、顔を真っ赤にして怒っていました。もし目の前に立っていたら、つかみかかられていたかもしれません。

相手は必死、しかしこちらも必死です。相手からどんなに非難されようと、公募増資をするしか手立てはないのだと説明を繰り返すしかありません。一時間ほど責められ、テレビ電話を終えるころは、さすがにぐったりしてしまいました。

精神的にも肉体的にもハードでしたが、「ここで公募増資ができなかったら日立はおしまいだ」という危機感があったので、今さらやめようとはみじんも思いませんでした。

ほかの地域を回っていた副社長たちとは、毎日電話やメールで進捗状況を報告し、情報を共有していました。副社長たちも相当つらい思いをしたでしょう。声に疲労がにじんでいました。それでも、「もうやめましょう」と弱音を吐く者は誰一人いませんでした。

この一〇日間の熾烈《しれつ》な戦いの結果、多くの投資家が増資に応じてくれました。私たちの誠意が伝わったというよりは、いくら怒っても私たちの決意が固いと気づいたので、諦《あきら》めてサインをしてくれたのかもしれません。あるいは、「とにかく結果を出してくれればいい」という合理的な考えだったのか、「ここで拒んで日立がつぶれたら元も子もない」と判断したのか——。

サインしてくれる投資家を目の前で見ていると、深々とお辞儀をしたい想いに駆られました。同時に、「絶対に再生を成功させせなければならない」と身が引き締まる思いだったことは言うまでもありません。

日本に帰る前日の夜、私はニューヨークのホテルから、世界各地にいるメンバーと電話会議をしました。みなこの一〇日間、寝食を惜しんで駆けまわってくれたことでしょう。本当はみなの肩を叩き、直接労をねぎらいたいところでした。

「私は日立に入ってから、いろいろなものを売り歩いてきました。けれども、株を売り歩いたのは初めてです」

電話越しに耳をそばだてているみなに向かって、私はメッセージを送りました。

「普通の製品と違って、株には保証書がない。私は保証書のない製品を初めて売ったのです。多くの投資家の皆さんは日立を信じて買ってくれた。これから私たちは、その期待に応えていかなくてはなりません」

それは用意しておいた言葉ではなく、この一〇日間の体験を通して自然と出た言葉でした。

私は情熱たっぷりに演説できるタイプではないので、このときも淡々と自分の想いを伝えただけです。後で聞いたところによると、この言葉を聞いて思わず涙ぐんだ者もいたようです。私もこの日の気持ちを一生忘れることはないでしょう。

最終的な調達額は三四九二億円。これで予定通り五社の子会社を完全子会社化し、次の成長へのスタートを切ることができました。社会イノベーション事業に投資することで、構造改革を実現できたのです。

赤字をある程度解消できる道筋を整え、日立を世界のビジネスの舞台で戦える体質にする手配を整えたところで、私は二〇一〇年四月に社長から退き、中西宏明にバトンタッチしました。社長に就任してから一年間しか経っていませんが、いつまでも私が社長と会長を兼任しているわけにはいきません。予想どおりではありますが、受注に対する機会損失なども出始めていました。一人で世界中を飛び回っても限界があり、緊急段階を過ぎたら、会長と社長の並立体制に戻そうとしていたのです。

意思決定の人数を絞ったり、トップダウンで改革をすることは必要でしたが、それが長く続くと〝ワンマン経営〟になる恐れがあります。それ以降の四年間は会長として、中西と共にいっそう改革を進める方向に舵《かじ》を切ったのです。

第2章
「きちんと稼ぐ」ための思考習慣
――「独りよがり」にならないために

問題点を見抜く「カメラの目」とは

スキーやゴルフで完璧《かんぺき》なフォームをつくっていたつもりでも、後で自分のプレーする姿を写真で見て、ガッカリした経験がある人もいるのではないでしょうか。完全に腰が引けていたり、肩が異様に上がっていたり、「全然ダメだなあ」と私もガッカリした経験があります。

自分が思っている自分と、周りが見ている自分はまるで違います。デジタルカメラやスマートフォンで五メートル離れたところから自分を撮影してもらえば一目瞭然《りょうぜん》です。カメラは自分のありのままの姿を写し出してくれるのです。

私は、誰にでも、どんな会社にも「カメラの目」が必要だと思っています。

ここでいう「カメラの目」とは、第三者の目を意味します。

自分では性格が細かいと思っていても、周囲からは大ざっぱだと思われていたり、仕事を頑張っているつもりでも上司からはまったく評価されないということもあるでしょう。どちらが正しい・正しくないという話ではありません。覚えておきたいのは、「自分の目」以外の客観的な評価を知っておかないと、何をどう直せばいいのかがわからないということです。

企業も同じです。私は幸い子会社に出向したことで、日立本体を外側から客観的に見る立場になり、それまでは気づかなかったさまざまな問題を見つけることができました。しかし、そのような機会がなく、ずっと同じ会社にい続けていたら、客観的に自社を見るようなことはあまりなかったでしょう。

内部にいた人間だけで議論していても、自分可愛さの意識が働き、〝改善〟くらいはできても〝改革〟まではなかなかできないものです。やはり、企業も第三者から評価してもらうことが大事なのです。

二〇一二年に日立は社外取締役を三人増やしました。うち、二人は外国人です。これにより取締役の過半数が社外取締役となりました。さらに二〇一三年には女性の外国人社外取締役が加わりました。日本ではまだ例が少ない取り組みでしょう。

候補者の人選は私が行いましたが、社外取締役は、いわば監督役で、会社とは利害関係やしがらみがないため、自由に意見を言える立場にあります。極端な話、今の社長が日立にふさわしくないと社外取締役が判断したら、社長を解任することもできます。

そのようなカメラの目があるというだけで、社長は緊張感を持って経営を行えますし、会社を私物化するような心配もなくなります。

日立は一一年度にグループ横断でコスト削減をめざす「日立スマートトランスフォーメーションプロジェクト（スマトラ）」をスタートしました。これは一言で言うと、「コスト面の経営改革」です。グループ企業で一括して資材を仕入れたり、製品設計を見直し、部品の共通化を図ったりしてコストを削減する。あるいは、経理や資材調達などの間接部門の業務を集約して、効率化を図るなどの取り組みをするのです。

グループ企業はそれまでも自分たちでコスト削減を図ってきたので、スマトラによってさらに作業が大変になったという不満も少なからずありました。それでも二年間で約一一〇〇億円のコスト削減を実現したのです。スマトラを国内外で徹底することで、一五年度までにコスト削減効果を四〇〇〇億円まで積み上げる計画です。

スマトラの成果を社外取締役も参加した会議で発表したときのことです。社内の人間としては、約一一〇〇億円もコストダウンを図れたので、まずまずの成果だと思っていた節がありました。ところが、社外取締役の外国人勢は容赦なかった。

「日立の頑張りはよくわかったけれど、営業利益率はどこまで上げられるのか。この方法では、利益率二桁《けた》は達成できない。それよりも、製品単価を上げるべきだ」

こう発言したのは、アメリカ企業3Mの前CEOジョージ・バックリー氏でした。

3Mは皆さんもご存じの「ポストイット®」を生み出した会社です。3Mの営業利益率は約二〇%。日立は約一〇兆円の売上高で五%強の営業利益率。世界の舞台で戦うには、正直まだまだ心許《こころもと》ない数値です。

約一一〇〇億円のコストを削減しても、グローバル企業の水準には程遠い。その現実を突きつけられて、社内取締役たちは動揺しました。

「いや、それでもこれだけの成果をあげるのは大変だったんだ」と思っても、海外の企業から見たらまだ序の口程度の改革にすぎないのでしょう。

私も予想以上に厳しい意見に打ちのめされる思いをしましたが、同時に「やはりカメラの目を持つことは正しかった」とも思いました。

それまでの日立だったら、約一一〇〇億円のコストを削減した時点で、「よくやった」と満足していたかもしれません。実際、日本の企業としてはかなりの成果です。それをカメラの目が「まだまだ足りない」と戒めてくれるわけです。これは、日ごろからグローバル企業であることを意識して、海外のビジネスの情報を常に仕入れている社内取締役であっても、持つことのできない感覚です。

自分たちの意識の中でまだ「開いていない」部分を覚醒させてくれる存在は、絶対に必要です。自分たちだけで全部やっていると、どうしても自分たちの判断に酔って、目が曇ってしまいます。だからこそ、カメラの目を仕組みとして持つことが有効なのです。

経営者にとってだけの話ではありません。部署単位、さらには社員一人ひとりにも必要なことです。たとえば一つの部署という単位でカメラの目を持つには、上司がカメラの目になって部下の仕事ぶりを監督しなければなりません。その上司にとってのカメラの目は、社内の取締役か、あるいは社外でメンターのような存在を見つけておくといいのではないでしょうか。

仕事で判断に迷うようなときに助言を与えてくれる相手がいれば、独りよがりの誤った決断にはなりにくくなります。リーダーは最終的には一人で決断しなければならないのですが、そこに至るまではできるだけ多くの人の意見に耳を傾けておくべきです。

社員自身がカメラの目を持つためには、いったん会社から離れてみてもいいのではないかと考えています。極端な話、休職するか、あるいは退職して、まったく別の業種で働いてみてから日立に戻ってみると、それまで見えなかったものがいろいろと見えてくるはずです。一つの会社や部署にい続けるほうが給料が良かったり出世に有利になる会社も多いかもしれませんが、あえて異動や転職をして、今いる場所から一度離れてみても良いのではないでしょうか。

一五分で「結論を出す」

一説によると、会社員の業務時間の二〇～三〇%は会議に費やされていると言われています。さらにマネージャークラスになると、六〇～八〇%にもなるのだそうです。これでは、会議に出席するだけのために会社に来ているようなものです。

皆さんも日頃から、「こんなに会議は必要ないのではないか」と内心、思っているのではないでしょうか。

よく戒めとして言われることですが、会議にもコストがかかります。

実際にその場で支払われることがないためどうしても意識しにくいことですが、よく考えてみますと、参加者の人件費(時給)、光熱費、資料代、飲み物、会議室使用料などがコストに含まれます。加えて、参加者が会議に出席している間はほかの仕事は止まっているので、会議を長時間行うことによる「機会損失」もあるかもしれません。

それらを試算すると、月例会議は年間で一〇〇〇万円以上かかることもあると言われています。毎週会議を行っているのならその四～五倍はかかるでしょうし、数日ごとに開いているようなら億単位の予算になるかもしれません。それだけのコストをかけておきながら結論も出せない会議をしていたとしたら、壮大な無駄遣いをしているようなものです。

マネジメントの父と呼ばれるピーター・ドラッカーは、「みんなが会議をしているような組織は何事もなしえない組織であり、四分の一以上の時間が会議に費やされているならば組織の構造に欠陥があると考えていい」という言葉を残しています。

私もその考え方には賛成です。したがって、私は会議をムダにしないために、連絡だけの会議はなるべくしないようにしていますし、会議をやるにしても必ず時間内に結論を出すようにしています。

会議で結論を出すには、ポイントがあります。「時間を区切る」ことと、「情報不足の状態でも、必ず決める」ということです。

会議の当日は、参加者の意見を真っ先に聞きます。私のほうから最初に「結論」のようなものを述べることはありません。「最終的に決める人」が発言するのではなく、参加者の発言を促すことで、反対意見もどんどん出て、議論が活発になるのです。そして、時間が来たら「ハイ、今日はこれで終わり」と半ば強引に終了してしまいます。よほどのことがない限り、次回へは持ち越しません。

のんびり議論している時間がないということを悟れば、参加者はみな事前に自分の言いたいことを用意して、きちんと発言するようになる。効率よく議論ができるのです。

また、もう一つのポイントである「必ず決める」に関しては、「結論はトップダウンで決める」という原則を持つことがまず大切でしょう。みなの意見を聞くプロセスも大事ですが、会社は民主主義で動いているわけではありません。問題点や注意すべき点などの意見は、計画を進めるにつれ反映されますが、あくまでトップダウンで「決めきる」ところまでを会議で行うのです。

「決められない理由」を探すことは、とても簡単です。「○○部の意見も聞いてみないと」とか、「情報がちょっと足りないよね」といった、決めない口実というのは、すらすらと出てきてしまうものです。それは徹底して回避しなければなりません。

ときには、その場ですぐ結論を求められるような相談を受けることもあります。その場合も、私はなるべく即断即決しています。

これは若いころから「一五分で結論を出す」習慣を身につけていたからできるのかもしれません。一五分で決められないことを、三〇分や一時間悩んでいても答えは出ません。

最近の研究で、集中力の波は一五分で切れてしまうことがわかったとも言われています。同時通訳の世界では、国際会議やサミットなどは一五分ごとに通訳をする人を代えながら対応しているそうです。日立の取締役会も日本語・英語の2カ国語の同時通訳方式で進行させるので、まったく同じ対応をしています。

部署全体の会議はさすがに一五分では終えられませんが、日常の部下とのミーティングなどは一五分もあれば充分です。技術職のときも製品の図面を広げて、「この設計でうまくいくのかどうか」と延々と悩んでいる時間がもったいないので、「まずは試作品をつくってみよう」と行動に移していました。走りながら考える性分なのです。

「下手の考え休むに似たり」ということわざもあるように、いいアイデアがないのに考えていても時間をムダにするだけです。ある程度考えたら、とにかく行動に移す。結論が出ない仮説の段階でも構いません。行動してから結論を導き出せばいいのです。

皆さんも、会議で結論を出さなければならないときや、部下から相談を受けることがあるはずです。その場合もリミットを一五分と定め、その時間内に決断を下せるように意識してみましょう。これはトレーニング次第で誰でもできるようになります。一五分で結論を出す癖を身につけてみてください。

「稼ぐ意識」を持っていますか

二〇一四年四月から経済産業省が主催する研究会の委員を務めました。研究会の名は「日本の『稼ぐ力』創出研究会」。座長は伊藤元重東京大学大学院教授が務め、他の委員は経営共創基盤代表取締役CEOの冨山和彦《とやまかずひこ》氏や野村総合研究所顧問の増田寛也《ますだひろや》氏、コマツの野路國夫《のじくにお》会長、味の素の山口範雄《やまぐちのりお》会長などが名を連ねました（編集部注：役職は当時）。

「稼ぐ力」というストレートなネーミングは、今までの政府の会合の名前にはなかったのではないでしょうか。政府で法人税減税などの環境を整えるから、企業はきちんと稼いで社会還元してください、それが日本の経済力を上げる一番の基本です——という考えが名前に込められています。会合では企業の収益力強化や地域経済の持続性の確保、新しい産業の育成などについて話し合いました。

私は、企業の役割は社員や株主に利益を配ることだけではなく、社会に利益を還元するところまでが本当の役割だと考えています。

社員の給料を上げ、雇用も増やし、株主に配当し、それから利益の一部を税金として納めて政府や地方自治体が機能するようにする。同時に設備や研究開発、人材開発に投資をして、それらが社会に価値として残るようにする。会社を維持するのに必要なコスト以上に稼ぎ、社会に還元して、社会に付加価値を増やすのが企業のあるべき姿だと思うのです。

そのためには、まず、稼げるようにならないといけません。きちんと稼ぐことができない企業は、社会を支えるのではなく、逆に社会にぶら下がっているだけです。

企業は、稼がなければならない――研究会の名前に「利益や収益を上げる」という言葉を使わずに、「稼ぐ」という言葉をあえて使うのは、そういう言葉を使おうとしない、あるいは意識できていない企業の体質を変えたかったからでもあります。

きちんと稼ごうという意識を持たなければならないのは、経営者だけではありません。一般社員もすべからくそうあるべきです。「利益はトップがもたらしてくれるものだ」といった意識を持っていませんか。そのような、ぶら下がり体質を変え、社員一人ひとりが自らの力で「稼ぐ」という意識を持てるようにならないと、戦っていくことはできません。世界のフロントランナーにも決してなれないでしょう。

私は課長レベルが対象の研修では、「お金の匂いがするかどうかを見極めなさい」という話をしています。「稼ぐ」よりも、もっと露骨な表現かもしれませんが、わかりやすく、意識しやすい言葉をあえて使っています。

国内でも海外でも「稼ぐ力をつけなさい。それが会社の源なんだ」と社員によく言い聞かせているのですが、その言葉を聞くと、多くの社員は戸惑うようです。

とくに若手社員は「会社は自己実現をする場」「自分のキャリアアップのために利用する」と考えている人も少なくないので、「なぜそうまでして金儲《もう》けを優先しないといけないのか」と疑問に感じているようです。

誤解しないでいただきたいのは、ただ金儲けをしようと言いたいのではなく、社会的な存在意義を示せるようになりなさい、と説いているのです。

企業は利益を得たら、それを社会に還元して世の中を良くするために働きかけなくてはなりません。そうやって世の中のバランスを調整する役割を担っているのです。

世界の企業は二〇〇〇年ごろから、稼ぐ力を着々とつけています。

たとえばGEは二〇〇〇年ごろから収益構造改革（収益を上げるために行う、不採算部門からの撤退や拠点統廃合、人員削減などの施策）に意欲的に取り組んでいました。そしてGEの営業利益率は約一五％、日立は五・五％。日立は足元にも及びません。

私が社長になってから手がけた改革には、かつて海外の機関投資家から指摘されたことがいくつもありました。今まで日立の経営者が実行に移していなかったのは、会社のことや経営のことは、投資家より自分たちがわかっていると思っている節があったからかもしれません。その間に、欧米の同業では構造改革を進めていたのですから、機関投資家のマクロ観は正しく、自分たちが甘いのだと私は感じています。

「世界で勝てる事業」を考える

それでは、どのように稼げばいいのでしょうか。日立での例をもとに考えてみます。

二〇一四年四月、日立は鉄道システム部門の本社機能をイギリスに設置しました。

あまり広く知られていませんが、日立は二〇〇五年にはイギリスの鉄道車両の受注に成功し、一二年と一三年には同じく総事業費約一兆円となるイギリスの都市間高速鉄道向けの事業を獲得しています。単に車両を売るだけではなく、車両の保守業務も請け負いました。これは数十年間の安定した収入を約束されるという意味なのです。

ヨーロッパにもドイツのシーメンスやフランスのアルストム、カナダにはボンバルディアといった主要な鉄道メーカーがあります。そこに日立は食い込んでいきました。

国内の鉄道事業の主な取引先はＪＲ各社と私鉄ですが、国内だけでは先細りしていくことは目に見えています。海外に目を転じてみれば、鉄道をこれから敷こうとしている国はまだまだある。稼ぐことのできる事業だと早い段階で判断していたのです。

欧州の車両はステンレス製なのに比べて、日立はアルミ製。軽くて丈夫なのがウリです。また、イギリスの鉄道の場合、契約納期から一年以上も納入が遅れるのはよくあることでしたが、日立は納期に間に合わせ、その鉄道の正式開業の半年前から一部の車両でプレ運行もしました。これは当時のブラウン首相にも「オンタイム・オンバジェット（納期通り、予算通り）」と絶賛されたぐらいです。ちなみに、日立が製作した、イギリス・サウスイースタン鉄道の高速列車、クラス３９５は「見た目も美しい！」と海外の鉄道ファンからの人気も高いようです。

これからもイギリスを足掛かりに欧州や東南アジアなどにも手を広げたいと考えていま

す。そのために本社機能をイギリスに移し、アリステア・ドーマー氏をグローバルCEOに据え、現地で車両を製造し、メンテナンスまでも一貫して手掛ける体制を整えました。

鉄道事業のような「世界で勝てる事業」は、間違いなく稼げる可能性を持っています。

また、勝てる事業は、世界のベンチマーク企業と比較して判断しなければなりません。世界シェアで一〜二位を争える分野なら、文句なしの勝てる事業です。三〜四位なら五〜六位と合併して上を狙うという方法を視野に入れます。五〜六位ぐらいになると、ちょっと怪しい。その事業はやがて遠ざける決断が必要になるかもしれません。

ニーズを聞きながら、ビジネスを組み立てる

ただ、「鉄道車両を販売する」ように製品を売るだけでは、「世界で勝てる事業」とまではいかないかもしれません。一回売って終わりでは、その地域での需要がなくなったら途端に先細ってしまうからです。これから世界で勝負になるのは売った後の高度なサービスと、顧客の課題を解決する「ソリューション型サービス」でしょう。

鉄道の例で言うなら、日本での場合、メーカーが車両を製造して鉄道会社に引き渡すと、

保守管理はその鉄道会社が行います。しかし、イギリス鉄道の場合は、メーカーがメンテナンスも担当しなければなりません。

そこで私達はビッグデータを活用し、走行する車両と保守拠点とを無線でつなぎ、車両が今どのような状態であるかを常に把握するリモート・メンテナンスを行っています。故障が起きそうな箇所を事前に察知し、点検時に部品を交換するなどしているのです。また、車両のある機器に何らかの兆候が表れると何日後には故障する、といったデータが集積されれば、そのビッグデータを活用し、故障による時間のロスを未然に防げます。

このようなソリューション型サービスは顧客のニーズを聞きながら、組み立てていくものです。一方的に製品やサービスを提供するのではなく、顧客の立場になって考え、顧客の中に入り込んでいくビジネスにシフトしているわけです。

顧客の業務分析からスタートして、「こういうビジネスを構築したほうが、最終的にはよくなる」と、「少し先の最適解」を追求して提案できるような研究も始めています。

たとえばシンガポールの交通局に、バスと電車の車両を売るだけではなく、ビッグデータを使って運転の組み合わせ方までアドバイスすることもできるでしょう。

「鉄道のどこかで事故が起きたときには、バスでバックアップするのがいいですよ。コンピュータを使えば、迅速に振り替え輸送ができます」

このような提案までができれば喜ばれます。

世界で勝てる事業とは、現地の人に喜ばれる事業とも言えるかもしれません。やはりそこでも社会に付加価値を増やす意識が不可欠なのです。二〇一二年に東京で、ある討論会に出席しましたが、その席上で国際通貨基金（ＩＭＦ）のクリスティーヌ・ラガルド専務理事（当時）も、「ＩＭＦは世界の経済を成長させるのが目的ではなく、経済成長をさせた後で社会に付加価値を増やし、利益を分配することで世界の貧困を解消するのが役割だ」と話していました。これはビジネスマン一人ひとりが意識しても意義のあることです。

一方で、家電事業は大量生産・大量消費することでしか発展しない事業です。高度経済成長期やバブル期のようにまだ家電製品が家庭に行きわたっていなかった時代や、次々に買い替えていた時代は主流でいられました。

今の日本は少子高齢化が進み、どの家庭にも家電製品は行きわたっています。日本での家電事業には、あまり未来はない。だから新興国などでは今でも積極的に売っていますが、日本国内での製造拠点を減らすなどして、縮小させているのです。

このように世界で勝てる事業、きちんと稼げる事業を見極め、育てていくことが、これからのリーダーに求められている視点だと言えます。

もちろん稼ぐ意識は、繰り返しになりますが、部署のリーダーであっても持っておくべきです。自分の部署の製品やサービスでどれぐらい稼げるのか、どこで求められているのか、リーダーが把握していないと戦略も立てられません。今はもう「一生懸命売っていれば必ず売れるはずだ」といった精神論が通用する時代ではないのですから、データをもとに分析し、勝てる道筋を示すのがリーダーの役割でもあるのです。

社長は「ただの専門職」と心得る

今の時代のリーダーに求められることは何か。

よくこの手の質問を受けます。

日本では松下幸之助《まつしたこうのすけ》氏や本田宗一郎《ほんだそういちろう》氏、盛田昭夫《もりたあきお》氏のようなカリスマ性を持ったリーダーが時代を牽引《けんいん》してきました。亡くなって何十年経っても逸話が語り継がれる、そんなリーダーに憧《あこが》れる人が多いのもわかります。

しかし、当の私は〝カリスマ性のあるリーダー〟ではありません。そもそも日立では創業者の小平浪平《おだいらなみへい》および第二代社長の倉田主税《くらたちから》など以外では、私を含め、歴史に名を残すような〝カリスマ経営者〟は誕生していません。そしてそれが日立らしいと言えるところでもあるのかもしれません。また、会社の創業時代には、特にカリスマ性が必要とされる、とも言えると思います。しかしその後は、一人のカリスマがぐいぐいと会社を引っ張って一時代を築くのではなく、何人もの人がリレーのようにバトンを渡してきたのです。今は、むしろ〝カリスマ経営者〟ではないほうが、企業を改革し、稼ぐ力を発揮できるのではと思っています。

そもそも私は、社長は単なる「専門職」だと考えています。

社長が、出世レースの最終ゴール（ポスト）などとは考えません。「業績を伸ばす」という専門職を請け負うのが社長の任務です。これをよく理解していない人は少なくありません。社長は到達点ではなく、出発点なのです。

ラストマンとしての社長には、顔が二つ必要です。

一つは、会社が社会に貢献できるぐらいの業績を出しながら、持続的成長をしていくための経営を、プロフェッショナルとして遂行すること。

社長は組織の業績によって評価されます。営業マンが営業のプロであることを求められるように、社長も「業績を上げるためのプロ」でなくてはなりません。

もう一つの顔は、会社の顔としての活動をすること。

社長になったら社外のイベントに招かれることも多く、会社の代表として出席するなどします。社外でも社内でも「社長、社長」とちやほやされます。

さて、この二つ目の顔の活動ばかりに重点的に取り組んでしまう社長は少なくありません。皆さんの会社ではどうでしょうか。

昔の社長は、頭にかぶっている帽子のようにフワッと組織の頂上に乗っかり、代表者然とした顔をしていればよかったかもしれませんが、今の時代はそれでは済みません。株主からは、業績を厳しく評価されます。稼げているのか、株価を上げられているのか、数字に明確に表れる部分を評価されるわけです。

最近は社長を別の会社からスカウトするケースも増えています。いくつもの企業の社長を渡り歩く欧米流のやり方が浸透してきているのでしょうが、日本の企業に関しては、その方法ではあまりうまくいかないのではないかと考えています。日本は企業ごとに風土というものが色濃くありますし、新卒のときから何十年もその企業で働いている社員も大勢いるのです。そういう環境で、その業界とはまったく関係のなかった人が社長に就任したとしても、社員は素直に受け入れられないでしょう。やはり、その企業で長年働いてきて社内の実情をよくわかっている人が社長になるのが、本来はよいのだと思います。

なかには「最年少の社長就任」などと鳴り物入りで社長になる方もいますが、最初は市場も好意的でも、業績が赤字続きであればあっという間に叩《たた》かれます。改革派であろうとなんであろうと、業績を良くできなければダメ。それによって株価も上下します。社長はもっとも厳しい通信簿をつけられているようなものなのです。

株価が上がったのなら、自分の戦略は評価されている。下がったのなら自分が社長として指揮をとってはいけないのだと判断し、速やかにその職を譲るべきかもしれません。

社長や役員は「安全圏」ではありません。むしろ、経営者こそ成果主義で評価されるべきでしょう。役員報酬に見合う仕事をしているのか、客観的に判断できる仕組みがあると、さらに緊張感を保って経営ができると思います。株主の代理として客観的な判断をする組織として、取締役会を活用する会社が少しずつ増えているのは、そういう考えがあるからだと思います。

社長自身が〝稼ぐ意識〟を身につけておくことは必須です。

自社の事業で、これからの時代に稼げるものとそうでないものを見分けて、投資すべき事業と縮小・撤退する事業を見分けなければならない。しかも、ビジネス環境は刻々と変わっていく時代ですので、前任者のやっていたことを踏襲すればいい、自分の代は何とか持ちこたえればいいと思っていたら大間違いです。

一方、社長というものは覚悟さえあれば誰にでもできるものだとも思っています。よく「リーダーにはカリスマ性が必要」などと言われますが、そんなことはありません。

江戸時代の禅僧鈴木正三《すずきしようさん》は、「指導者が備えるべき能力」として次の七つを挙げました。要旨としては、①先見の明がある、②時代の流れを的確に読める、③人の心をつかむことができる、④気遣いができて人徳がある、⑤自己の属している共同体、組織全体について構想を持っている、⑥大所高所から全体が見渡せる力量を持っている、⑦上に立つにふさわしい言葉遣いや態度が保てる——これは今の時代もそのまま通用する能力ではないでしょうか。

加えて言えば、⑧従来の慣習や柵《しがらみ》にとらわれないで、痛みを伴う厳しい対策をきちんと実行できる、そういうぶれない覚悟を持つ、ということでしょう。

これらは心がけ次第でいくらでも身につけられます。次の章ではそのための方法も紹介しますので、ぜひ実践していただきたいと思います。

年功序列では、稼げない

二〇一四年九月、日立製作所は国内管理職の給与について年功序列の要素を廃止し、役割グレード給に改めると発表しました。

このニュースは、テレビの報道番組でも取り上げられ、話題になっていました。裏を返すと、日本の企業では年功序列がまだ根強いということなのかもしれません。

私自身、日立一筋で働いてきたこともあり、終身雇用は良いと思っています。

しかし、年功序列がまかり通っていたら、グローバル企業としては戦っていけません。

「Aさんが部長になったら、同年次に入ったBさんも部長にしないといけない」などとやっている場合ではないのです。

年功序列だと、若手の優秀な人材が活躍するチャンスが少なくなり、何よりラストマンが育ちません。役割の大きさが変わらなくても、年齢とともに肩書きや給料が上がっていくので、事なかれ主義がまかり通るようになるのです。

日立の連結売上高に占める海外の比率は一九九〇年代半ばまでは二〇%台でしたが、二〇一三年度は四五%にまで拡大しました。グループ会社を含めた約三二万人の従業員のうち、海外人員は約一三万人で三八%を占めます。近い将来、海外の事業部で成果を上げた外国人が日立本社に異動となり、日本でも高いポストに就くようなケースがどんどん出てくるでしょう。

日本人に比べて、とくに新興国の人は貪欲に働きます。仕事に対する意欲もあり、勉強熱心です。「本社で働いていれば安泰」などと甘えていたら、外国人が次々と上司になっていくかもしれません。日本人だからと優遇されるようなことはなくなるのです。

日立本体の社員数は約三万三〇〇〇人で、管理職は約一万一〇〇〇人と約三分の一です。今までは、管理職の月給のうち、七〇%分は年功的要素を反映しやすい「職能」と成果の大きさに基づいて支払われ、残る三〇%分は課長や部長といった「肩書き」に応じて支給していました。制度として年功序列があったわけではありませんが、入社後、実質的には、勤続年数に応じて給料が上がっていったのです。

これからは、全世界共通の基準で決めた役割グレードと、成果の大きさに基づいて月給を決めることになります。

年功的要素をなくすと「上司が部下に仕事を教えなくなる」「チームワークがとりにくくなる」といった弊害があるとの考えもあるようです。しかしむしろ、人事制度の透明性が高まるので、部下の育成や処遇に対して上司が明確に理由を示したり、キャリア開発についてしっかりとした方向性を示すなど、マネジメントの力が今よりも強く求められることになります。管理職の部下に対するマネジメント力を向上させるための研修を拡充したり、国内外の従業員意識調査を通じて、各職場の課題を管理職にフィードバックするなどしています。

この取り組みは数年前から下地をつくり、着々と進めてきました。

二〇一二年度には、国内外の日立グループ社員約二五万人の情報を網羅するデータベースを構築し、二〇一三年度から世界で約五万ある課長級以上のポストを、職務や職責の大きさに応じて七段階に格付けしました（役割グレード）。

このように、人事制度をグローバルに共通化することで、グループ会社の枠や国境を越えて活躍できるようにすることが目的です。働いている国や、日立で働いている年数などにかかわらず、実力のある人が認められ、それに応じたポジションに就く。それが真っ当なラストマンを生み出す環境になると思うのです。

流れない水は腐る――「平時の構造改革」をしよう

二〇〇八年度に七八七三億円の最終赤字(純損失)となってから、二年後。二〇一〇年度に日立は二三八八億円の黒字(純利益)に転換しました。これは一九九〇年度(二三〇一億円)以来の高水準です。二〇一三年度には過去最高となる営業利益五三二八億円を達成。沈みかけていた軍艦が浮上しはじめたというところでしょうか。

四年連続の最終赤字であえいでいたころに比べると、社員達の表情も随分明るくなり、活気があるのを肌で感じます。

最近、日立は絶好調だ、V字回復を果たしたと多くのメディアで取り上げてもらえるようになりました。しかし、こういうときこそ危ないのです。ここで気を緩めると、また一気に転落していきます。

漢方医学には未病を治すという概念があります。

自覚症状はなくても、病院で検査して問題が発覚したり、自覚症状はあっても検査では問題がなかったりする場合を、まだ病気に到っていない状態として「未病」といいます。それが大病になる前に原因を見つけて治そうという考え方があるのです。

日立もまだまだ完全に治療ができた状態とは言えません。大企業病の原因になっていることを見つけて、取り除いていかなくてはなりません。

ただ、これはなかなか困難なことです。実は、業績が悪化しているときのほうが改革はしやすいのです。

業績が悪いときに、採算の取れない事業を「仕舞う」（撤退する）と決めたときも、その事業のトップや現場の人たちからは反発されました。それでも、「このままでは日立は倒産してしまう」わけで、そう説得すると、渋々ではあっても納得してくれます。

ところが業績が回復してから、「そろそろこの事業は撤退を考えたほうがいいな」と判断して実行に移そうとすると、やはり現場の人たちからは猛反対されます。

いくら「海外でこの分野で強い企業が出てきたから、太刀打ちできないんだ」と説得しようとしても、「まだ赤字でもないのになぜ撤退するんだ」と頑として受け入れようとしません。平時にも抵抗勢力はいますし、平時の抵抗勢力のほうが実は抑えづらいのです。

喉元《のどもと》過ぎれば熱さを忘れるというように、人は簡単に痛みを忘れてしまうものです。

日立は、首の皮一枚でつながっていた事業を、リーマンショック後に大手術をして切り離すとともに、成長事業に経営資源を投入して持続的成長に向け進めるようにし、ようやく健康体になったものの、今後も世の中の変化につれて課題事業は次々と出てくるでしょう。それをなるべく早めに取り除かないと、二〇〇八年度以前にあっという間に逆戻りしてしまいます。

平時であっても、早め早めに手を打っておく。そうすれば損害は最小限で抑えられます。経営陣はそれをよく理解しているのですが、社員はまだ安心しすぎているような気がします。ここからが日立の正念場になるのです。

世の中に「絶対につぶれない会社」はありません。

元国営企業でつぶれることはないと言われていた日本航空が会社更生法を申請し、倒産したことは記憶に新しいでしょう。その後、稲盛和夫《いなもりかずお》氏の手腕で短期間で再生を果たしましたが、今後も絶え間ない経営努力が求められるでしょう。

流れない水は腐るように、企業は現状維持をめざした途端に腐りはじめます。成長をめざしてようやく現状維持を保てるぐらいです。これは歴史の長い大企業で特に顕著ですが、成熟事業の中に次々と課題が発生してきて、業績の沈降要因となります。それをなくすために、平時から厳しい外科手術を続ける必要があるのです。

人の成長でも同じことが言えると思います。人は困難な経験をしたときほど成長しますが、「これぐらいでいいだろう」と思った途端に成長が止まり、後退していきます。

カナダにあるカールトン大学のパトリック・ヒル博士の研究チームによると、何歳であっても「目標」を見つけた人の人生は前向きで、いくつになっても成長し続けることができるそうです。そして目的意識を持った人ほど、長生きできるという研究結果も出ました。

この本の読者の皆さんには、人生の折り返し地点を過ぎた方もいるかもしれません。そこから先の人生は長いようで、あっという間です。私も、つい先日「還暦を迎えてしまった」と驚いていたと思ったら、今は七〇歳を超えました。それでもまだ毎日英語の勉強をするなど、やりたいことは尽きません。まだまだ成長したいという想いもあります。

皆さんも、歩みを止めずに自分自身の改革を続けてください。その先にはきっと、ラストマンとしての充実した人生が待ち受けています。

第3章　意思決定から実行までの「シンプルな手順」

——自信を持ってビジネスをするために

「決められるリーダー」が大切にしていること

自分で言うのもなんですが、私はいわゆるカリスマ性のあるリーダーではありません。「オレについてこい！」とぐいぐい引っ張っていくタイプでもありません。

そんな私でも日立の改革の牽引役《けんいん》を担えたのは、「意思決定したことを、実行できた」という、ごく当たり前の理由からでしょう。

そして、それを実現させたのはとてもシンプルな五つのプロセスです。

①現状を分析する
②未来を予測する
③戦略を描く
④説明責任を果たす
⑤断固、実行する

この五つは、「ラストマン」として意思決定をして、実行するためのプロセスです。①から④までは評論家や学者でもできるでしょう。しかし、⑤までを徹底してやりきることができるかが、ラストマンになれるかどうかの境目になるのだと思います。

　と言ってもこの五つのプロセスは、きちんと責任を果たせる経営者はみな大切にしていることであり、言葉は変われど、古くから多くの経営者が重視してきたことだと思います。「なんだ、簡単なことばかりじゃないか」「誰でも思いつく当たり前の方法ばかりだ」と思う人もいるかもしれません。しかし、どのようなこともそうですが、「簡単そうなこと」が「とても難しい」ものです。考えるのは簡単でも、実現するのは難しい。ビジネスの現場にいると、日々それを実感します。

　本章では私が普段心がけている五つのプロセス、「ラストマン・プロセス」とも言うべきものを一つずつ紹介します。

　前提として言っておきたいのは、ラストマンにとって不可欠なことは、とりもなおさず実行力であるということです。

　会社が抱える問題を把握しているリーダーは多いですし、それを「変えよう」という意見が社内から出てくることもあるでしょう。それでも「変える」ことができないとすれば、最後の「実行する」というところまでいかないからです。

意思決定から実行に至るまでのプロセスは、どのビジネスの、どんな場面でもついて回るものです。

経営者であれば、攻めと守りの両方の決断と、その実行が必要です。新規の事業を立ち上げる、海外に進出するといった前向きの「攻める」戦略もありますし、業績が落ちてきた事業を縮小する、主力の事業に集中するといった「守り」の戦略も立てなくてはなりません。ときにはリストラをするなどのつらい決断を迫られることもあります。創業後、時間が経っていない会社は「攻め」が多く、歴史が長くて安定成長軌道の会社では「守り」を充分に行う必要があるのです。

経営者に限らず、ビジネスは日々決断と実行の連続です。

上司が部下に仕事を任せる、これも一つの決断であり、実行です。その中で小さな決断がたくさんあり、どの仕事を任せるか、どこまでできたらよしとするか、できなかったらどう指導するか、一つひとつを決めなければなりません。

こういう場面で、感覚的に物事を決めていては、それは単なる思い付きの域を出ません。とても基本的なことですが、きちんとその理由を挙げられるレベルになって初めて、「決断する」と言えるのではないでしょうか。

この基本的なプロセスを経ていく力は、経営者になれば養えるものではありません。むしろ、経営者になったときにこの手順が習慣になっていなければ、重要な場面での経営判断はできない。経営者になる前から、さらに言うなら社会人になったときから、徐々に養っておくべきことだと思います。

また、このプロセスが役に立つのは仕事の場面だけではありません。

誰でも人生において、大事な決断をする局面は多々あるはずです。

学生なら就職先を選ぶとき、社会人になってからは今の会社で働き続けるか、転職するか起業するかといった岐路に立ったときには決断をしなくてはなりません。プライベートでも結婚や子育て、マイホームの購入や親の介護など、重要な意思決定が必要になるライフイベントがあります。そういった場面でも役立つのが、五つのプロセスです。

何より、決断から実行までのプロセスを身につけておけば、世の中の間違った情報や、浮ついた世論に流されることがなくなります。自分の意思で、正しいと思う道を選ぶ。つまり、自分の人生を切り開くためのカギとして私は活用しています。

会社の〝健康診断書〟の見方とは？【①現状を分析する】

それでは、プロセスを一つずつ解説していきます。

最初のプロセス、「現状を分析する」をしなければ何も始まりません。分析をするために必要なのはただ一つ、データです。

皆さんは、自社の財務諸表を見たことがありますか？

前進するか、撤退するか――リーダーはあらゆる局面において、その決断を下さなくてはなりません。もちろんそれは勘で見極めるのではなく、数字やデータをきちんと【見る】ことで、分析する作業が不可欠です。財務諸表などの数字をチェックすることも、その一つです。

財務諸表はよく言われるように企業の健康診断書のようなものです。事業ごとにキャッシュフローや収益を見て、年々収益が落ちているな、その事業に投資する予算も出しづらくなっているな、と気づいたら縮小するか、撤退するかを考えます。

その逆で、これから成長しそうな事業も数字から見極めて、どれぐらい投資額を増やすのか、事業所をどれぐらい増強するかなども判断します。

完全に赤字になっている事業は、やはり撤退するしかありません。それが自社にとって歴史のある、思い入れの深い事業であっても、縮小か廃止か、統合するなど、何らかの対策をとらなければなりません。

データを見て、成長産業か成熟産業かも分析します。

産業が生まれて、数十年経っているからといって、その分野が成熟産業とは限りません。過去にはレーザーディスクやＭＤなど、あまり浸透しないまま数年間で消えていった製品もあります。

私は基本的に、成長産業では前進し、成熟産業からは撤退したほうがいいと考えています。「成熟している産業」に身を置いているときは、順風が吹いているように感じるかもしれませんが、それが永遠に続くわけではありません。それを、数字をもとに、きちんと見極めることが大切だと思います。

とはいえ、成熟産業でも一つだけ生き残る道があります。残存者利益がある場合です。残存者利益は、過当競争や収縮傾向にある市場で、競争相手が撤退したあと、生き残った企業のみが市場を独占することで得られる利益を意味します。たとえばテレビは大成熟製品ですが、日立は残存者になれるかどうかを考えると、「否」という結論が出た。そこで撤退を判断しました。

逆に、生き残る選択をしたものもあります。

日立は測長SEMという装置を作っています。これは走査型電子顕微鏡の一種で、半導体の部品を製造するラインにおいて、数十nm（ナノメートル／一nmは一〇〇万分の一ミリ）という単位の寸法を高倍率で撮影し、測るための高精度な装置です。日立は測長SEMにおいて、ほぼ四半世紀にわたって世界トップシェアを維持しているのです。直近でも八〇%ぐらいのシェアを獲得しています。

利益は少しずつ落ちてきてはいます。数字だけを見たら撤退するという選択になるかもしれませんが、他社の動向や顧客の需要なども併せて判断すると、残存者利益を得られる可能性が高いと分析できます。この市場が縮小しても最後まで生き残る可能性が高いので、この分野では前進を続けるのです。

このように、あらゆるデータをもとに情勢を分析していると、徐々に「この事業はまだ将来性がある」「この分野はそろそろ衰退していく兆しがある」と推測できるようになっていきます。これも日ごろから行っていないと身につきません。財務諸表を読みとく力をつけるのも、その訓練の一環になるのではないでしょうか。見るときは、「大きなくくりで数字を見る」「変化率の大きさに注目する」「キャッシュの変化から読みなおす」ということを意識するのがポイントでしょう。

自分のかかわる仕事が、「前へ進んで」いるのか、それとも「単に自分がしがみついているだけ」なのか――きちんとデータをもとに判断できているでしょうか。

「先」の「もう一つ先」を読んでみよう　【②未来を予測する】

現状を分析したら、〝少し未来〟を予測するという段階に入ります。

経験や勘に頼って何とかなる時代は、とうの昔に終わりました。今は、情報の分析をもとに予測をするという、【読む力】が問われる時代です。

そうは言っても、完璧《かんぺき》な「読み」などできません。もし正確に読む簡単な方法があるのであれば、世の中の投資家はみな大金持ちになっているはずです。そうではないからこそ多くの経営者は、流れを読んだ後に戦略を描いたとしても、失敗を恐れて、最後の「実行する」に踏みきれないのではないかと思います。

どんなに数字やデータをもとに緻密《ちみつ》に分析しても、読みが外れるときはあります。それを想定して、読みが外れたときの対策までを読んでおくように心がけたいものです。二重三重の読みが必要なのです。

一つ事例を紹介します。

日立グループの会社の一つである日立建機を、私は「新興国会社」であると思っています。新興国にこそニーズがある機械を製造しているからです。

建設機械の市場は、道路やダム、箱物事業が全国に行きわたっている日本では、先細って行く運命にあります。東日本大震災の復興や東京オリンピックに向けての建設ラッシュが起き、工事現場の人手が足りないぐらいになりましたが、それは短期的な動きにすぎません。やはり、これから伸びていく新興国にどんどん進出していくことが、長期的な計画では必要なのです。日立建機の本社は日本にありますが、日本の仕事は約二九%、海外の仕事が約七一%。実は、日立グループの中でも、もっともグローバル化が進んでいる会社です。

ただし、打って出る国は、新興国ならどこでもいいというわけではありません。どの国に進出するかというところで「読む力」が問われます。

たとえばフィリピン政府が、これから二〇年かけて高速道路を一〇本つくるという政策を発表したとします。その発表はどれほど正しい情報なのか、それだけの予算を国は用意できるのかといった情報を集めて、どういう一手を打つのかを考えなければなりません。

集めた情報をもとに、「一〇本すべては難しくても、この二本の道路はつくりそうだな」と分析し、フィリピンの油圧ショベルの工場を増強して年間の生産台数を上げよう、といった戦略も描いていくのです。

ここまでは、一重目の読みです。

油圧ショベルの増産はしたものの、もし国の予算があっという間に底をついてしまったらどうするか、国で内乱が起きるなどの事態になったらどうなるか――二重目の読みで起こりうるリスクを洗い出します。

そのうえで、「増産した油圧ショベルは、隣国のインドネシアで売るようにすれば何とかなる」といった対策を考えておくのです。「先」の「もう一つ先」まで読んでおき、何か問題が起きてもすぐに対処できれば、損害は小さく抑えられます。

ここまで先を読んでから、次の「戦略を描く」というステップに進んでいくわけです。

ところで、業績が悪化している事業の先を読むときと、これから生まれる需要を読むときとでは、読み方は少し変わってきます。どちらも数字やデータを基に分析するという点は同じですが、これから進出する国や新規事業を立ち上げるときなどは、判断するのに充分なデータはありません。

そういう場合は、やや抽象的な話になりますが、前兆をとらえなくてはなりません。とはいえこれは、勘のような類のことでもありません。

物事には必ず前兆があります。先ほどのフィリピンの例で言えば、政府が開発計画などを発表し、「これからインフラを強化する」といったときに、大きな動きがあるのだと予測できます。その流れをいち早くつかまえられれば、ビジネスでの勝機をつかめます。他社がフィリピンに乗り出してから後追いしても、遅いわけです。

そして、前兆の多くは「現場」に現れます。

海外の現地での動きは、日本にいながら自分で把握することはできないため、現地にいる人たちに情報を集めてもらっています。この場合、現地社員には、目端を利かせて、

「次はこんな動きがあるぞ」と素早く情報をキャッチできる能力が必要です。そうして集められた情報は、各カンパニーの事業ラインによる分析・報告とともに、各地域（世界六地域）の責任者による地域特有の視点からも報告されます。イントラネットによる日々の連絡に加えて、月一回、A4レポート紙の形で、マクロの経済の動き、各ビジネスの動き、競合他社の動きなどをレポートしてもらうのです。

日立の現地の社員は、これをよくやってくれているので、私のもとにも鮮度の高い情報が集まり、先を読むときに役立っています。前兆に気づいて、いち早く動くためにも、常に世界中の〝現場の動き〟を把握しておかなくてはならないのです。

「頭のアンテナ」を高感度にする習慣　【②未来を予測する】

繰り返しますが、未来を予測するために必要なのは、情報です。それも鮮度がよくて確度の高い情報でなくてはなりません。

世の中に膨大に流れている情報から、「これだ」という情報をつかみとる。その取捨選択の確度は、自分の頭に、高感度のアンテナが立っているかどうかで決まります。

アンテナが高感度になっていなければ、どんなにいい情報が流れていてもキャッチすることはできないのです。頭のアンテナを高感度にしておくために重要なことと言えば、たった一つしかありません。

それは、何かに関心を持つという態度です。「物事に関心を持つ、という精神の在り方」と言ってもいいかもしれません。

私の場合は、たとえば大学に行って、ある分野の最新の情報や研究に関する講演を聞くことで、アンテナの感度を高めています。国内だけではなく、海外の企業の経営者と会って話を聞くのも刺激的です。実際に人と会って情報を得るのが理想的ですが、それができないときは本や新聞、雑誌から日々情報を集めます。

こういうプロセスを疎かにはできません。できるだけ多くの情報を集めてアンテナの感度を高めておかないと、勝機などつかめませんし、次の一手も考えられないのです。

アメリカにはディア・アンド・カンパニーという、農耕用トラクターでトップシェアを誇っている会社があります。たとえばこの会社の姿勢からも、私は学びを得ました。

ディアのトラクターは、〝トラクター界のベンツ〟のようなもので、丈夫であるため日本でも人気が高く、多くの販売店で取り扱われています。ほかにも、エンジンや建設機械、ゴルフ場用の芝刈り機械なども手掛けている会社です。

前項で紹介した日立建機は、八〇年代からディアと組んで合弁会社を設立し、北米や中南米に進出しています。二〇一一年にはブラジルに油圧ショベルの製造・販売の合弁会社を立ち上げました。これは二〇一四年のFIFAワールドカップ、二〇一六年のリオデジャネイロ夏季オリンピック開催に向け、ブラジルに建設ラッシュが起きていたのが理由の一つです。

ブラジルは輸入関税が一四%程度と高いので、日本からの輸出は難しかったため、現地生産に踏み切りました。ディアはブラジルで農機の販売網を約二〇〇カ所持っています。そのチャンネルを活かして、南米市場に油圧ショベルを投入していくのが狙いです。

ディアは日立建機より売り上げは小さいのですが、時価総額は日立建機と同程度の超優良企業です。それは一五年前から先を読み、組織の生き残りを図ってきたからでしょう。

取締役会でディアの経営陣から話を聞いたところによると、二〇〇〇年ごろに「今までと同じように経営していては未来がない」と気づいたと言います。そこで組織と製品の選択と集中を図り、成熟産業から成長産業に軸足を移したそうです。この行動の根幹には、SVA（Shareholder Value Added：株主付加価値）の最大化を重要な経営指標とする理念があったのです。

そういう話を聞くだけでも、アンテナは次々に立つものです。たとえば、これからの企業は売上高を上げることをめざすのではなく、営業利益(売上総利益から人件費や原材料費などの本業に関するコストを引いた利益)を上げる方向にシフトしなければいけないな――と、何をすべきかが見えてきます。

これは経営者だけの話ではありません。ビジネスマンは誰でも、アンテナの感度を高めておかないと、これからの時代は生き残ってはいけません。

自分のいる業界の先行きを読み、自社の事業の将来性を予測する。そういう意識を持っていないと、もしかしたら、衰退産業であっても目をつむってそこにしがみつくだけのビジネス人生を送ることになりかねません。

きちんと「やめること」ができる人【②未来を予測する】

物事は「始める」のも大変ですが、「やめる」ことを決断するのも、なかなか骨が折れるものです。とくに長年、習慣になっていることを、今日からきっぱり「やめる」というのは大変難しい。

これは、仕事でも同じでしょう。誰でも経験があると思います。ビジネスにおいて、「やめる」タイミングがなかなかつかめない。ずるずる引き延ばしても、なにも良いことがないのに……という状況です。

そういう意味では、事業は始めるタイミングは大切ですが、「仕舞う」（撤退する）タイミングを見極めることも重要です。

どのような製品にも必ず寿命があります。寿命の短い製品と長い製品の違いはありますが、必要とされる度合いを縦軸にしてグラフに表したときに、どちらの製品にも、もっとも光り輝く「山頂」の時期があります。

新規事業を立ち上げて、必死に坂道を登り、ようやく頂上にたどり着いたとき。それがその製品の光り輝く瞬間です。そして、その頂上をちょっと越えたときが、仕舞うことを考え始めるタイミングなのだと、私は考えています。

頂上から下山しはじめて、麓《ふもと》にたどり着いてから仕舞うようでは遅すぎます。ピークをちょっと過ぎた時点で、その事業の余命を読まなければなりません。

最後まで戦ってから仕舞うと相当な赤字が出る上、その事業の第一線で働いてきた人たちも大打撃を受けます。まだ黒字の段階で、売却をするのか、他の企業と一緒になってやっていくのか、海外メーカーと分担しながらやっていくのかを判断した上で、徐々に撤退すると、最小限のリスクですむはずです。

最盛期を完全に過ぎたところで仕舞うと、現場の抵抗も強くなり、損害も大きくなります。現場はその事業に愛着がわいているので、心のよりどころを奪われるようにも感じてしまうものです。

二〇一二年、日立は薄型テレビの自社生産から撤退すると決断しました。

昔はキドカラーという名前のブラウン管テレビで一世を風靡《ふうび》し、プラズマテレビに進出してからは、日立のコア事業の一つになっていました。富士通から特許を買い、一九九九年から事業を育ててきたのです。

当時は薄型テレビの市場ではプラズマテレビと液晶テレビの主導権争いが続き、大型テレビはプラズマのほうが技術的に優れていると言われていました。ところが、液晶テレビが大型化に成功すると、プラズマテレビは高精細であるけれども消費電力が大きいところがネックとなり、最終的には液晶テレビに軍配が上がったのです。

私が社長になる前の二〇〇八年に日立はプラズマパネルの製造から撤退をし、それから四年後に、五六年間のテレビ生産の歴史に幕を下ろしました。二〇一五年現在は海外の企業に生産してもらっています。

仕舞うタイミングとしては、遅すぎました。

それはやはり、現場から激しい抵抗があったからです。テレビ部門のトップも、赤字を抱えてにっちもさっちもいかなくなっていることは百も承知だったでしょう。それでも自分の代でテレビ事業の歴史を終わらせるのは、それこそ断腸の思いで、簡単に受け入れられないのも無理はありません。現場には、「テレビの部門で仕事をしたい」という理由で日立に入ってきた社員も大勢いました。みな、やりきれない思いだったでしょう。

しかし、最終的には納得して他の部門に移ってもらいました。

それでも、ほかの電機メーカーより早く決断できたのは間違いないと思います。日立がプラズマディスプレイから撤退したころ、他のメーカーはむしろテレビの増産体制を築いていたのです。

それから一年後、日立のOBたちと社友会を開いたときに、プラズマパネルを担当していた前の役員に声をかけられました。「テレビから撤退したことで、恨み言でも言われるのかな」と、私はちょっと身構えましたが、その人は穏やかな表情でこう言ったのです。

「私がいた部門はなくなったけれど、日立全体のためには、大変いい決断をしてくれた。ありがとう」

このとき、覚悟を持って決断し、実行したことは必ず人の心に届くのだと実感しました。明るい決断であっても、つらい決断であっても、リーダーは自分の判断を信じて進んでいくしかありません。繰り返しますが、つらい決断、痛みを伴う決断をして、それを実行できる人が本当の経営者です。経営の専門家（プロ）と、普通の経営者とではそこが違うのです。自ら培った読む力は、そのときに羅針盤として、進むべき道を示してくれるのです。

数字以外の話もできるか　【③戦略を描く】

私は多くの経営者の方と交流がありますが、皆さん「読む力」に長けていると感じています。しかし、現状を把握し、未来を予測する力はあっても、そこから戦略を練り、断固実行するところまでいくリーダーは、もしかしたら限られているかもしれません。読みがいいだけでは評論家のようなものですから、その先の行動につなげないとラストマンにはなれないのです。

現状を分析し、未来を予測したら、それをもとに【戦略を描く】というプロセスに移ります。

第1章で書いたように、私は社長就任後、これから日立は社会イノベーション事業で行くと戦略を描きました。現状を把握し、未来を予測し、「二一世紀は環境と情報とエネルギーの世紀」だと結論付けたのです。

日立は環境・産業・交通システム、情報通信システム、社会・都市システム、電力システムといった分野で、すでに地盤を固めていました。まだビッグデータという言葉が注目される前でしたが、情報で武装したインフラ産業は強くなるという確信があったのです。

一方で、社会イノベーション事業から遠い事業は遠ざけていくという戦略も考えました。すべての事業に同じように力を注ぐ経営手法ではやっていけません。自然と、選択と集中の方向になっていきました。

大きな戦略を描いてから、戦術を練り上げます。

第一は、営業力の強化。第二に、発電システムなどの海外大型プロジェクトにおける推進体制や、リスク管理の強化。第三に、経営体質の強化。不採算事業や製品の見直し、国内外における拠点統廃合や人員の最適化を図ることです。そして第四に、モノづくり力、設計・調達部門間の連携、ITによる情報共有などの強化を通じた、コスト削減の徹底。

そして、それぞれの戦術を実行に移していったのです。

ところで、一部門の部長であっても、部署の目標を立て、戦略を描き、戦術を考えなければなりません。

「今月の売り上げは五〇〇〇万円が目標。一人あたりのノルマは二五〇万円だ」と数字を伝えるだけでは、部下は数字を達成することだけに懸命になり、疲弊していくだけです。そもそも今は、ただやみくもに売り上げを上げればいいなどという時代ではありません。あてずっぽうではなく、あらゆるデータをもとに分析し、戦略を描かないと行き詰まってしまいます。

もし「我々の売っている製品で、世の中はこんなによくなる。そうなれば、人々の暮らしもこのようによくなる」というヴィジョンを示せたら、大義をきちんと意識することができ、部下のモチベーションも上がるのではないでしょうか。

日本の部長クラスは海外に行っても、数字は語れてもヴィジョンを語れないので、現地の人たちの求心力を失うという話をよく聞きます。

数字だけではなく、「なぜ必要なのか」「何のために必要なのか」「それを達成すると何が起きるのか」といった背景や将来を語ると、部下も「それなら私も実現させたい」と意欲がわくでしょう。

部下の心を一つにまとめるためにも、戦略を描くのは必須なのです。

もし部下たちが自分の頭で考えて動いてくれないのなら、戦略の立て方が悪いのか、あるいは戦略がないからかもしれません。

これからのリーダーは、戦略を描くスキルを身につけることも最重要課題なのです。

まず「方向性を示す」ことの重要性【③戦略を描く】

「具体的なヴィジョン」は、モチベーションの源泉になります。

これからの日立は社会イノベーション事業で行くと、大きな方向性を示したときも、同時に、具体的にどこに力を入れていくのかを現場の社員たちに伝えました。

「画期的な革新的開発をしましょう」などと言っているだけでは、紙を配ってお題目を唱えているのと大差ありません。

現場の社員は、日々顧客から「もっと料金を安くしてくれ」「新規の契約はムリ」といったシビアな要求を突き付けられています。そういった障壁で頭がいっぱいになっているところに、「革新的開発を」と説いても、「そんな非現実的な提案をされても困る」と思われてしまいます。

だからこそ、具体的な方向性を示さなくてはならないのです。

たとえば、日立では地球環境への負荷を軽減させるアモルファス変圧器を開発しています。

変圧器とは、発電所から送られてくる高い電圧の電気を、安全に使えるように低い電圧に変換する機械のこと。変圧器は二四時間三六五日休みなく働き続けているのですが、その間たえず二～四％の電気を損失しています。

これを解消するために、アモルファス合金という素材を使って変圧器をつくったところ、損失を最大約四〇％削減することに成功しました。年間のCO2排出量を約五・一トンも抑えられるので、省エネ効果も高い製品なのです。

今後、地球温暖化対策のために国内だけではなく、海外でもアモルファス変圧器に切り替えるところは増えていくでしょう。これは将来性のある事業の一つです。

それだけで終わらせるのではなく、さらにアモルファスを用いた産業用モーターを製品化に向け開発しています。これが製品化できれば電力を大幅に削減できるので、世界中の工場で導入されるという可能性を秘めています。このような新技術開発では、設計開発部門だけではなく、研究所の力も大切です。この分野では、日立研究所が新材料と新構造の双方に大きな力を発揮しています。

蛍光灯がＬＥＤにだんだん切り替わっていくように、同じことがモーターで起きるかもしれない。世界中で何千万台、あるいは何億台も売れるかもしれない。そのような具体的な方向性を示すと、現場の人たちも、どれだけ意義のある仕事なのかを実感しやすいのです。同業他社も同じような製品を開発している最中なので、他社に先駆けて製品化しようと発奮するでしょう。

さらに、アモルファスモーターが実現すればそのメンテナンスで何十年も稼げることにもなります。そうすれば社会イノベーション事業としても発展していくのです。

方向性を示すのと同時に、その製品がどう役立っているのかを全社員に実感させることも、実はとても大切だということです。

私は工場で働いていたとき、よく現場への製品納入に立ち会っていました。やはり自分が手掛けた製品が現場で動き、お客様に喜んでいただけるのは嬉《うれ》しい。それがモチベーションとなり、次の仕事でも「頑張ろう」とやる気が湧いてくるものです。

そういう意味でも、社長表彰や、社内報（イントラネット）での情報共有は非常に重要です。各個人の取り組みとしても、世間の生活の中で自分の仕事がどのように影響しているかに思いを馳《は》せてみたり、意識して調べてみることも、モチベーションをさらに高めるきっかけになるのではないでしょうか。

朝令暮改にもルールがある【③戦略を描く】

「うちの社長は言っていることがコロコロ変わる」

どこでもそういうボヤキはよく耳にします。

ほんの少し前まで、朝令暮改は悪いリーダーの例としてよく挙げられていました。

しかし、今は多くのリーダーが、朝令暮改でないとやっていけないことを実感しているでしょう。時間をかけて戦略を描いていざ行動に移しても、目まぐるしく世界情勢が変わるので、途中で想定外の事態が起きることはよくある話です。

日本では長らくデフレが続き、さまざまなデフレ対策も奏功していませんでした。ところがここにきてデフレ脱却が現実味を帯び、物価は上昇、円安も加速し、情勢が変わってきています。そうした情勢の変化に対して、企業も戦術を変えなければなりません。日立でも賃上げを実施するなど、企業経営にダイレクトに影響がありました。

いくら先の先まで読んでいても、想定外のことはどうしても起こります。そのときの情勢に合わせ、戦術は変えていくべきなのです。

しかし、戦術は変えても戦略を変えてはいけません。

戦略はどんなに情勢が変わってもグラグラしてはいけないものであり、朝令暮改していいのは戦術だけです。状況が変わると、あっさり戦略まで変えてしまうリーダーは少なからずいます。それでは周りは振り回され、現場に混乱が生まれます。

戦略と戦術は似て非なるものです。

よく言われるように、戦略は会社の方向性を定めた長期的な考えであり、戦術は会社のめざす方向を実現するための、短期的な方法です。

日立でも東南アジアで白物家電を売って行こうという大きな戦略はあります。けれども、インドネシアに進出しようとしている矢先に大規模なデモが起きたり、タイで洪水が起きたり、予測できない事態はしょっちゅう起こります。そういう場合でも、東南アジアに進出するという戦略自体は絶対に変えません。進出する国を変えたり、タイミングをずらすなど、戦術のほうを変えます。

私の場合は、そういった戦略を立てるときに、リーダーたちに「この路線は死んでも変えるな」と伝えるようにしています。それは裏を返せば、大きな戦略さえ変えなければ、後は現場の判断で臨機応変に変えていってもいい、という意味でもあります。

戦略は変えない、ぶれさせないのがラストマンの役目です。

たとえば、アイデアはノートにメモする【③戦略を描く】

私が社会人になって間もないころから四〇年以上続けている一つの習慣が、ノートを取ることです。これも戦略を描くときの材料になっているかもしれません。

使うノートは決まっていて、どこにでもあるB5ノートです。表紙も紙製で、ページには罫線《けいせん》が引いてあるだけのごくごく普通のノートです。

ノートのページを真ん中から二つに折って使っていますが、誰に教わったわけでもなく、いつの間にかできた習慣です。横書きの場合、ノートの端から端まで書くより、途中で折り返しがあったほうが一行が短くなり、書きやすいし読みやすくもなるからです。

私も誰かに教えた記憶もないのですが、このノートの取り方は社員の間にも広まっており、今では若い社員も「先輩からこの使い方を教わった」と、ノートを半分に折って使っている人が多いようです。日立流のノートの使い方として定着しているのかもしれません。

このノートには、何でも書きます。人の言葉の中で大切だと思う箇所をメモしたり、本や雑誌を読んだときに気になる情報を書き出したり、本の感想を書いて読書ノートのように使うこともあれば、仕事で何かアイデアを思い付いたときにちょっと書きとめることもあります。「人生で何が楽しいか」といった自分なりの人生論を書くときもあるので、中身はあらゆる情報でごった煮の状態です。

物事の区切りごとに内省して、メモをすることも大切です。後に何かの意思決定をするとき、そうした内省の蓄積は必ず役立ちます。充実した人生とは、内省のある人生だ、とも言われるほどです。

律儀な人はテーマごとにノートを分けたり、どこに何が書いてあるのかわかるようにインデックスをつけたりするのかもしれませんが、私はそこまでしません。新聞のコラムを書くときなどにパラパラと見返して、「あのときはこんなことを考えていたんだなあ」と感慨にふけったりします。

ノートは今では一六〇冊を超えました。パソコンやスマートフォンなどでの管理はしていないので、検索をかけることはできず、非効率な面もあります。手書きなので、あまり量は書けませんし、夜自分の部屋で書いていると眠くなってくることもあります。しかし、書くという行為を通して考えるので、頭の中が整理されますし、その内容が記憶に残り、何かの拍子にふと思い出すことがあるのです。情報に対してアンテナを立てるのに役立っているのでしょう。やはり手を使って書くという作業は大切なのだと思います。

ノートは手軽に持ち歩ける大きさではないので、手帳も併用しています。
手帳は基本的にはスケジュールを管理するために使っていますが、移動の最中に新聞を読んでいて気になる情報があったら、ちょこちょこと書き込みます。

私ならではの使い方と言えば、「しなかった業務」も書き込むところでしょうか。たとえばイベントへの出席を辞退するとき、それもスケジュールに「△□会を欠席」のように記しておくのです。そうすると後日もし関係者に会ったときに、お詫びができます。

このように、ノートと手帳を使い分けてはいますが、「手を使って書く」のが、やはり自分には一番合っています。今後も続けるでしょう。

「未来を話す」時間を持とう【④説明責任を果たす】

アカウンタビリティー（説明責任）という言葉は一般的になりました。

これからのリーダーは、社内に対しても、そして社外に対しても、自分の言葉できちんと説明する能力を持っていなくてはなりません。

政治家が「説明責任を果たせ」とメディアに問い詰められる場面をよく目にするため、アカウンタビリティーという言葉に対して、言い訳や弁解をするようなイメージを抱いている人もいるのではないでしょうか。

私が考えるアカウンタビリティーとは、自分の描いた戦略を「これでいこう」と社内や社外に伝えることで果たされるのであり、それは希望や未来について語る、心が高揚するような場面でもあります。ラストマンとしての決意表明をしているとも言えるでしょう。そして、アカウンタビリティーは説明するだけではなく、相手を納得させるところまできて、はじめて「説明責任を果たした」と言えます。

最近は電車が途中で停止したときに、「線路内にお客様が立ち入ったので」などと理由をアナウンスしています。以前は、そこまで丁寧に説明していなかったような気がします。おそらく鉄道会社に抗議が殺到するようになり、停止する理由を告げるようになったのではないでしょうか。乗客としても、理由がわかれば駅員に詰め寄ったりせずに、電車が動き出すまで待つことが苦痛になりにくいのではないでしょうか。

説明をするのは、相手の理解を得て、納得してもらうのが目的です。

企業のヴィジョンや計画にしても、「末端の私には関係ない」と思っている社員がいたら、足並みをそろえられません。セクショナリズムが横行し、みな自分の部署や自分のチームの利益しか考えなくなってしまいます。一見現場には関係のないことでも、説明し、そして納得してもらおうとするのは、やはり全体最適を考えてもらいたいからです。

ただし社内会議の資料やイントラネットを通して伝えるだけでは、なかなか現場の方たちにまで理解・納得してもらえません。書いた文章を読むのと、実際に話して聞かせるのとでは、心への響き方がまったく違います。できるだけ社員一人ひとりと会って顔を見ながら伝えるべきだと、私は考えています。

とはいえ、世界中にいる三二万人の社員と会うのはさすがに難しい。大きなホールで数百人や数千人を集めて講演しても、私の想いが社員にストレートに伝わるとは思えません。「社長のありがたい訓辞」程度にしか思われなかったら、話す意味はありません。

そこで、「タウンホールミーティング」と称して、現場の社員とコミュニケーションをとる場を設けました。国内だけではなく、海外の事業所にも出向いて部課長クラスを中心に二〇～三〇人集めて、直接、話をするようにしたのです。

私と社長の中西とで手分けしてあちこちを回り、成長戦略やガバナンス、人財開発戦略などを説明し、その事業所に期待する役割を直接社員に語りかけてきました。

私にとっても刺激になりましたし、社員にとってもいい機会になったのではないでしょうか。とくに海外の事業所では日立グループの全体像を実感できない社員も多いので、

「普段は話す機会のないトップの意見を直接聞くことができて良かった」といった感想や、「今回のミーティングで、日立グループの規模を知り驚いた。しかしそれなら、もっとグループ全体の取り組みとしてできることがあるのでは？」といった前向きな改善提案をぶつけられることもありました。

ヨルダンで集会を開いた後はサウジアラビアに飛ぶ、という感じで、タウンホールミーティングの最中は文字通り世界を飛び回っています。ただ、会長と社長だけではとても回りきれないので、これからは副社長や役員、グループ会社の社長や幹部にも「宣教師」になってもらい、ＥＲ活動（Employee Relations：社員とのコミュニケーション活動）にさらに力を入れるべきだと考えています。

「上はああ言ってるけどね」などと、現場の社員が他人事《ひとごと》のようにとらえているようでは、せっかく描いた戦略も実現しないまま終わるでしょう。

「笛吹けども踊らず」で済ませるのではなく、踊らせるかどうかは、リーダーの〝説明〟にかかっているのです。だから、イントラネットや動画などのメディアも使い、自分でも足を運び、現場の実行部隊を何としてでも納得させなくてはなりません。

立場が上になればなるほど、現場の人と接する場は積極的に持ったほうがよい。社長室に閉じこもって戦略を描いていても、それは絵に描いた餅《もち》になってしまうかもしれません。現場の声に触れることでしか気づかない問題点も多々あります。

皆さんも、できるだけ部下に説明する場を設けてください。

目標や戦略は社内に貼りだしたり、会議で伝えるぐらいではなかなか部下は本気で考えないものです。部下自身がその目標や戦略を語れるぐらいのレベルになるまで、繰り返し伝え続けるべきです。そうやって自分の描いた戦略に、周りの人を巻き込んでいくことが大切です。

メッセージを伝えるための「キーワード」【④説明責任を果たす】

日立も昔は、工場では上も下も関係なく、みんなで侃々諤々《かんかんがくがく》の議論を交わしていましたが、今はそこまで濃密ではありません。

そもそも、阿吽《あうん》の呼吸や以心伝心などの日本独特のコミュニケーションはずいぶん前に廃れてしまいました。今は家庭や学校などの環境が大きく変わり、近所とのつきあいも希薄になっています。あらゆる場面で、昔ほど濃密なコミュニケーションを取らなくなっているのです。

やはりその時代ごとのコミュニケーションの取り方というものがあります。しかもこれからは、日本語の通じない外国人と一緒に働くことも珍しくなくなるでしょう。そうなれば今まで以上に「説明する」というスキルは求められるようになります。


リーダーの中には話下手の人もいるかもしれません。

それでも、話すことから逃げるという選択肢はないでしょう。饒舌《じょうぜつ》に話せなくてもいいので、大事なキーワードだけでも相手に伝わるよう、伝え方を考えればいいのです。

私は課長クラスの研修で話すときなどは、たとえば「会社は収益を上げるのが大事です」というのではなく、「稼ぐ力が会社には必要だ」など、「稼ぐ力」のようなキーワードを入れて、言い切るようにしています。同じ説明をするにしても、表現の仕方を変えるとガラリと印象は変わるのです。

「稼ぐ力」というとストレートで、少し下品な表現かもしれませんが、聞き手の心には響きます。聞き手が「ん?」と引っかかるような、短くて印象的なフレーズを選ぶのがポイントです。メッセージ性のある話し方が必要なのです。

社員が「稼ぐ力とは何だろう」「ただお金を稼げばいいのか？」という表情をしていれば、会社は社会貢献をするためにある、芸術を支援したりボランティアをすることだけが社会貢献ではない、利益を生み出して社会に分配することが社会貢献になるのだ、と順序立てて説明します。そうすると、「そういうことか」と納得した表情になるのです。

話す順番も大事です。

私は英語式に、結論から話します。結論を話し、それから理由を述べ、背景を語るという順番です。今はこの話し方がかなり浸透してきているとは思うのですが、まだまだ思いつくままに話して最後に結論に到る話し方をしている人も大勢います。そういう人は普段の話し方から意識したほうがいいと思います。

役職が高くなるにつれ、社内だけではなく、社外に説明する機会が増えます。マスコミの取材を受けることも多くなるかもしれません。そういう場面でも基本は同じです。キーワードを入れつつ、人に伝わりやすい表現を考えます。

うまく話すには、事前に練習するしかありません。私も記者会見や講演会など大勢の人の前で話すときは、何をどの順番で話すのかを考え、練習しています。

アップルの創業者スティーブ・ジョブズはプレゼン上手で有名ですが、私が見ていてもほれぼれするようなパフォーマンスだと思います。言葉は選び抜かれ、身振り手振りも計算されつくしている。黒いタートルネックのシャツにジーンズ姿で、悠々と話しているような顔をしていましたが、その陰には相当な努力があったと推察できます。

人前で話すのが苦手な人なら、なおさら練習は不可欠です。とはいえ、これは「慣れ」の問題です。ある程度回数を重ねていけば、誰でも人前で話すことに慣れていくものです。

社内への説明、社外への説明　【④説明責任を果たす】

口頭での説明が一番印象に残りやすいのですが、効率を考えれば、文書でメッセージを伝えるのも社員一人ひとりに意思を伝達する有力な手段の一つです。

私は社長に就任してから、月一～二回のペースで「Ｋａｗａｍｕｒａ'ｓ Ｍｅｓｓａｇｅｓ」という文書をイントラネットで流していました。これは二〇一一年三月まで二年間続けました。

社長になったばかりのころは過去最大の赤字を抱え、社員も「日立は大丈夫か」と不安になっていたので、やはりトップが方向性を示し、メッセージを伝え続けることが重要ではないかと考えたのです。

最初の投稿は就任したばかりの二〇〇九年四月一日に配信しました。

「平時の事業運営は攻め6・守り4でいいが、今は守り6・攻め4で守備固めをしっかりやり、業績が回復に向かったら攻めに転じたい」

「攻める方向は、情報通信システム、環境・産業・交通システム、社会・都市システム、新エネルギーや電池を含む電力エネルギーシステムなどからなる『社会イノベーション事業』の拡大だ」

「日立グループ全体に迅速な決断・迅速な行動を徹底したい」

このように、今後私がどのような改革をしたいのか、日立をどのような方向に導いていくのかを、メッセージとして伝えています。

五月の段階では、「私はできるだけ今年度中に打つべき手を打ち、二〇一〇年度中には必ず最終黒字を実現します」とも書いています（二〇一〇年は、ちょうど、日立の創業一〇〇周年にあたる記念の年だったのです）。「したいと思います」ではなく、「します」と言い切るぐらい、強いメッセージを発信するのも、社員を鼓舞するために必要です。それは同時に、自分自身に覚悟を問いかけることにもなります。

ときには日立創業の精神を説き、ときには「上司・仲間・部下など周囲の人々が補えるような組織の仕組みを構築したり、業務プロセスに工夫を加えることを怠っていませんか？」と社員に問いかけたり、自分のプライベートの過ごし方を紹介することもありました。

なかなか社員一人ひとりと話す時間は持てませんが、このメッセージを通して、社員に私の人となりやメッセージがある程度伝わったのではないかと思います。

「Ｋａｗａｍｕｒａ'ｓ Ｍｅｓｓａｇｅｓ」は社員からコメントを返してもらえるようにしてありました。

毎月多くのコメントが寄せられ、改革に向けた決意表明や新事業創出に向けた提案もあれば、現場の苦労を訴える声や職場環境の改善を求める意見もありました。

「ここ一〇年来日立では、いくつかの事業へ数千億もの大型投資を集中的に行った一方で、中小の事業所や関連会社には投資資金がほとんどまわっていきません。他社がやっていない新しい発想の製品化に投資資金を与えるという条件で、一〜二億程度の資金を全事業所、関連会社に振り分けてはいかがでしょうか？」

「日立の中で育て上げた技術を受け継ぐ人材育成が不十分に感じられます」

「大事なことを個人プレーや小さな枠で済ますことが以前にも比べて増えているのではないか。職場でのコミュニケーションが足りない」

このようなコメントをもらうたびに、日立にはこんなにも意欲的な社員が大勢いるのだと、胸に熱いものが満ち溢《あふ》れる思いをしました。いくつかのコメントを紹介し、私なりの意見を述べることで、双方向のコミュニケーションが多少はできたのではないかと考えています。

多くの上司は部下が増えるにつれ、一人ひとりと話す時間はなかなか取れなくなるでしょう。それでもこのような方法で定期的にメッセージを送り、繰り返し方針やヴィジョンを語り続けると、自然と部下の意識も一つに揃うようになってくるはずです。

「情」より「理」をとれ【⑤断固、実行する】

改革を妨げるものは何でしょうか。

コストのような金銭的な問題もあれば、法律による規制のように自分たちの力ではどうにもできない問題に阻まれることもあります。しかし、やはり一番の原因は、身内に生まれてしまう抵抗勢力だと思います。

第1章で事業を撤退・縮小するときに、現場の人たちから猛反対を受けたと書きました。現場の人たちが反対するのはわかります。しかし、現場だけではありません。日立の場合、OBの影響力は強く、OBが抵抗勢力に回るというケースがよくありました。日立は先輩と後輩の関係が強く、OBに人事の相談をすることも珍しくありません。親会社の役員であっても、先輩が社長を務める子会社に口出ししづらいという風潮もありました。

OBにとっては、自分が立ち上げた事業や一時代を築いた事業がなくなるのは我慢ならないでしょう。火力発電事業を三菱重工と合弁企業を立ち上げてやっていくと決めたときも、OBから「何たることか」と非難が集中しました。

合弁会社の出資比率は三菱重工が六五%に対し、日立は三五%。「日立は火力発電を手放した」と、メディアでも騒がれていました。また、この計画により、それまで火力発電の生産をしていた日立工場の大部分も新会社へ移管されることになりました。日立工場は私も工場長を務めていた場所です。日立の創業者小平浪平が工場を開いた地でもあり、今でも工場の一角には小平記念館があります。いわば日立製作所の原点であり、聖地ともいえるのかもしれません。その工場を他社との合弁事業に使うなど、OBとしては許せない思いでいっぱいになったはずです。

しかし、東日本大震災後、電力事業を取り巻く環境は大きく変わりました。電力会社もコストを強く意識するようになったので、今までのような条件で受注するのは難しい状況です。電力会社が海外の割安のメーカーに発注するようになる可能性もあります。

自分にとっても思い出深い事業であり、勤務地でもあるのですが、苦渋の決断をしました。過去に縛られていたら、日立製作所は「この先一〇〇年後も生き残る企業」にはなれないかもしれないのです。

非難するOBには「海外に生産を任せているテレビ事業とは違い、三菱重工と手を組んで世界で戦える事業となって生き残ることをめざすのですから、日立の火力の歴史が途絶えるわけではないんです」と伝えました。それでも納得してもらえない方もいましたが、個人的な思い入れに流されている場合ではありませんでした。

夏目《なつめ》漱石《そうせき》の『草枕』の冒頭に、「智に働けば角が立つ。情に棹《さお》させば流される」という有名な文があります。理知だけで割り切っていると他人と衝突するし、他人の感情を気遣っていると、自分の足元をすくわれる。

本当にこの言葉の通りで、情けを尊重すると、改革できるものもできなくなります。それまでの日立でも、現場の反対やＯＢの横やりで多くの改革を断念してきたのです。

改革を成し遂げるには、「情」に流されず、「理」をとるしかないでしょう。「理」は、「理性」の理でもあるし、「経済合理性」の理でもあります。

本当は、私の中でも「情」と「理」のせめぎあいでした。

それでも、やると決めたからにはやる。どんなに批判されても悪者扱いされても、やりきるしかないのだと腹をくくり、「理」を選べたのです。

ラストマンは「情」を理解しつつ、「理」をとることができる人間なのかもしれません。「情」を理解しないで「理」をとるから角が立つのでしょう。よく言われるように「小事には情、大事には理」ということなのかもしれません。

ＰＤＣＡ――ＰとＤが弱い日本人　【⑤断固、実行する】

五つのプロセスのうち、「断固、実行する」に関しては、第1章を読んでいただければ実際に何をどう実行したのかを理解していただけると思います。

「断固、実行する」の難しさは、皆さんも今いる会社で感じていることでしょう。日立で起きていることは、他の多くの企業でも抱えている問題です。

大企業で新規事業を立ち上げたものの、実現しないで消滅するという話はよくあります。社内のあちこちに根回しをしているうちに時間だけが過ぎてしまったり、「前例がないのに大丈夫か」と自分たちでブレーキをかけてしまう例もあります。あるいは、「失敗したらどうしよう」と恐れて、なかなか大胆に進められないケースもある。

「断固、実行する」に至るまでは、やはり現状を分析し、未来を予測し、戦略を描く、説明責任を果たす、というプロセスを積み重ねているから、最後の一歩を踏み出せるのです。そのプロセスがなければ自分の決断に自信を持てませんし、周りの人を説得して巻き込んでいくこともできません。

これは普段から鍛えておくべき力だと思います。

部署内でプロジェクトを立ち上げたのなら、断固実行する。それは仕事に限らず、コスト削減や地域のボランティア活動のような取り組みであっても同じです。やる気のない人や協力的ではない人、不満をぶつけるだけの人など、さまざまな障壁が出てきます。そういった人たちを説得して巻き込みながら断固実行する体験をしておくと、その経験は必ず役立つ機会が訪れます。

そして、PDCAサイクルを常に意識するのも重要です。

プランを練り、実行した後は成果を確認し、修正をする。つまりフィードバックをし続けることで、仕事は改善され、自分も成長していけるのです。

日本人はチェック（C）、改善（A）は得意ですが、プラン（P）と実行（D）は弱い気がします。プランと実行にスピードがないので、PDCAのサイクルがうまく回らないのでしょう。

本当は、改革を実現させるのに特別な方法などありません。

誰がリーダーになったとしても、やるべきことはそれほど変わらないはずです。結局のところ、決め手になるのは、最後までやり通せる覚悟があるかどうかです。その覚悟があればどんなに複雑な問題であっても解決できるのだと、私は信じています。

第4章　いつも前向きに「自分を磨く」人

――自分を鍛える、部下を鍛える

修羅場体験で人は「覚醒」する

「人がもっとも成長するのはどんなときですか」

そう尋ねられたら、私は「しんどい思いをしたとき」と答えます。

たとえば製品の試作を何度試してもうまくできないときや、発注ミスを起こしてしまったとき。あるいは、会社に数千万円、ときには数億レベルの損害を与えるような失敗をすることもあるかもしれません。そういった「修羅場体験」が何より人を成長させるのだと、泥臭いかもしれませんが、私は実感しています。

そして、本書のテーマであるラストマンとしての覚悟も、数々の修羅場体験を通して覚醒し、磨かれていくのではないでしょうか。

修羅場体験は、若手社員だけに必要なわけではありません。定年を迎えて会社を去る日まで、ビジネスマンはつねに成長し続けることを意識したいものです。そのためにも、修羅場体験はベテラン社員にとっても重要なものだと思います。

多くの企業では役職に就くまではみな懸命に成果を出そうと努力をしても、それなりのポジションになると安心し、それ以上の成長をしようとしなくなります。「仕事のできない上司」が誕生するのも無理はありません。

一方で、役職に就いてからも、さらなる試練の連続があり、それを避けずにこなしていく人もいます。そうした修羅場体験を経ることで、ラストマンとしてさらなる覚醒をする社員もいるのです。そのような人がリーダーになることで、その下で働く部下達も徐々に変わっていきます。日立が大企業病から立ち直る兆しが見えたのも、そうしたいい循環が生まれてきたことが一因としてあると思っています。

私が日立製作所に入社したころは人手不足で、新入社員にもかかわらず、あらゆる業務を、有無を言わさずに任されました。

日立では、まず入社して二年間は総合職研修員という立場になります。研修員というのは、いわば修業期間です。その間に研修員論文を書いて発表し、質疑応答を行って合格したら、やっと周囲から認められるのです。

私の場合は総合職研修員の間に「海外出張に行って来い」とポンと放り出され、現地の企業との交渉を任されたりしていました。今なら、入社して一〇年ほど経たないと任されないような仕事かもしれません。

入社後すぐに工場勤務になりました。発電機が冷却風量不足で過熱し、顧客の工場生産が停止してしまい、お客様から「どういうことだ！」とお叱りの電話を受け、慌てて飛んで行って修理することもありました。

上司から「こういう場面ではこうしたほうがいい」などと事細かいアドバイスをされるわけでもありません。まさに、「習うより慣れろ」。当然失敗も多く、そのつど「何をやってるんだ！」と叱られました。そのような修羅場体験を通して鍛えられ、ビジネスマンとしての自覚や責任感も芽生えていったのではないかと思います。

とはいえ、今の時代に同じような指導の仕方をしていたら、多くの若者はつぶれてしまうかもしれません。時代により、適切な修羅場体験も変わっていくのでしょう。

修羅場に直面したときに覚醒する人がいる一方で、その困難から逃げ出す人もいます。二者の違いは、教育の違いによるものが大きいと私は考えています。

一概には言えないかもしれませんが、今の若い世代は、あまり修羅場を経験しないまま社会に出る方が多いと思います。それは個人の問題というより、学校や親など、教育する側の問題でしょう。運動会のかけっこで「手をつないでみんなでゴール」するという学校があると話題になっていましたが、競争をなくして、行き過ぎた平等主義のなかで育てられた人が多いということです。

「今の若者は叱ったらすぐに辞めてしまう」と戸惑う上司は、自分の世代と若い世代では背景が異なるのだとまず理解すべきです。何も下地のない段階でハードな体験をさせたら、若手社員の心は折れてしまいます。修羅場体験にも段階があるのです。

日立では、入社時から、社員にはいろいろな教育の場があります。たとえば、資材調達の部門の人なら、まず世界にはどんな資材があり、どのようにデータリスト化されているのかなど、資材の基礎知識を徹底的に勉強します。その上で、「このボルトはどこで買うのが一番いいか？」ということを最終的に判断する手法を学んでいきます。

技術職の人は技術の話から、財務はバランスシートの作り方や読み方、計算などから勉強を始めます。そういったスキル面の教育を進めるなかで、どこの部門でも、組織を率いる意識など「マインド面の教育」も必ず入ってきます。

つまり、能力を身につけてからマインドを鍛えていくという順番です。そうしてからハードルの高い仕事を課せば、簡単には投げ出さないと思います。部下を育てるときは、この順番を意識したほうがいいでしょう。

日立流タフアサインメントとは

修羅場体験は日常の業務を通して遭遇することですが、基本的には意図して経験できるものではありません。

そこで日立では、修羅場経験とは違いますが、「タフアサインメント」の仕組みを教育制度の中に取り入れています。タフアサインメントとは、簡単に言えば「困難な課題を割り当てること」。現在求められている成果や能力を超えたポジション（あるいはミッション）を与えることで、成長を促すのです。

最近はタフアサインメントを研修に取り入れている企業も増えてきているようです。日立のタフアサインメントはＯＪＴ、つまり座学ではなく、すべて業務として本人に体験してもらいます。たとえば、経営幹部候補にタフアサインメントで与えられる課題は、次のようなテーマで、三～五年ぐらいかけて取り組んでもらいます。

・新規事業などの立ち上げ（新規市場開拓、新製品立ち上げ、新規拠点立ち上げなど）
・JV（ジョイントベンチャー）、アライアンス、M&A（交渉や統合後のマネジメントなど）
・事業の立て直し（事業撤退、不振事業立て直しなど）
・収支責任を担う実経営経験（国内外グループ会社社長・役員など）

気づいた方もいらっしゃるでしょうが、これらはすべて経営者レベルの業務になります。実際に事業所の支店長や子会社の社長に就いてもらい、これらのミッションに取り組んでもらうのです。

たとえば、今まで新製品の立ち上げに携わってきた社員の場合、不振事業の立て直しなど、今まで経験したことのない課題を与えられたら、相当ハードなミッションになります。それが「しんどい体験」になるのです。

日立化成のある営業部長の場合、日立本体の横浜支社へ移り、そこで約三年間支社長を務めました。入社以来、化学の製品を売っていた部長が横浜支社長になって、突然、情報・通信など、今まで携わったことがない事業の指揮を執ることになったわけです。これはかなりタフな任務だったと思います。彼は三年間無事に務めて、一回りも二回りも成長して日立化成に戻りました。このような取り組みに、他の人も今のところ、みなゼイゼイ言いながらも、何とか乗り切ってくれています。

この仕組みは私が会長兼社長に就任する前からありましたが、別の会社の副社長や副部長、専務などを一年ほど務めて帰ってくるという、少々甘めのミッションでした。私はタフアサインメントと言うからには、もっと「タフ」なことをやったほうがいい、たとえば事業部長クラスの人をアメリカの孫会社の社長にポンと出すなど、そういうレベルのミッションが必要だと考えていました。

社長と副社長では、しんどさが何倍も違います。これは、実際にその立場を経験しないとわかりません。だから、それを「知る」には、本当に組織のトップになって汗をかいてもらうほうがいいと考えていたのです。

会社のトップになり、きちんと英語で演説ができなくてはいけないところから始まり、クリスマスのときにみんなにボーナスが払えるかを判断し、ときには「キャッシュが足りない！」といった厳しい現実を突き付けられる。そういうことを三～四年体験し、さまざまな困難を克服してから帰って来るわけです。

なお、立場ごとに高めのハードルを用意し、それを越えることでたくましく成長してもらうという考え方は、経営幹部だけではなく、部長や課長の育成指針においてもあります。

現在の若手社員には、海外派遣プログラムを通じて、早い段階で経験を積ませています。国内の日立グループを中心に、主任クラス以下の若手社員を毎年一〇〇〇名ほど海外に派遣しています。派遣される地域は欧米から中国、インド、シンガポール、マレーシアなど先進国から新興国までさまざまです。各地域に数十名から数百名の単位で派遣されます。

約八〇種類の研修プログラムがあり、現地で一～三カ月間、語学研修とホームステイをするケースもあれば、アジアの家電製造の現地法人に派遣して、現地の人に交じりながら実習してもらうケース、現地のNPO法人で働くケースもあります。

海外の工場の生産ラインに入り、現地の従業員から身振り手振りでビス留めを教わったある社員は、「海外で働ける手応《てごた》えを感じた」と感想を述べました。インドネシアでグループ会社の現地法人の立ち上げを手伝った社員も、「国内では予想もできないトラブルに対応するなかで自信がついた」と話しています。

現地の若者と交流して「国は違っても価値観は似通っている」と感じたり、なかには「もう帰りたい」と弱音を漏らす社員もいるようです。

仲間と一緒に活動しているとはいえ、日本から一歩外に出るとカルチャーショックの連続です。日本では蛇口をひねれば清潔な水が出て、電気はスイッチを入れればつき、買い物をしてもおつりをきちんと払ってもらえます。それが海外では飲み水に気をつけなくてはなりませんし、停電することも珍しくありません。買い物でおつりをごまかされるどころか、タクシーに乗って法外な料金を吹っかけられて呆然《ぼうぜん》とすることもあるかもしれません。

そういう体験の一つひとつも、自分を育てるためのチャンスです。

「二度と新興国には行きたくない」と思う社員もいるかもしれませんが、「インドの貧しい地域の人々の生活を救いたい」と、自分なりのミッションを見つける社員もいるかもしれません。そういう想いがビジネスのアイデアに結びつくこともあるでしょう。

しんどい体験は、人のさまざまな能力を覚醒させるきっかけにもなるのです。

工場で「経営者としての原点」を学ぶ

その場に立ってみないと、見えない（わからない）風景というものがあります。

一九九二年六月、私は五二歳で茨城県日立市にあった日立工場の工場長に就任しました。

二〇一五年現在は、火力発電所プラント事業を三菱重工と統合したため、三菱日立パワーシステムズの日立工場と、従来の事業を持つ日立の日立工場とが同居する場所です。

それから一九九五年五月までの丸三年間、工場長として過ごしました。このとき、私は初めて組織のトップ、文字通りラストマンとして働くことになったのです。

日立では、会社発足当時から、一つひとつの工場をプロフィットセンターとするやり方になっていました。プロフィットセンターというのは、収益と費用（コスト）を集計する一つの部門のことです。各工場は単に物をつくるだけではなく、製造のコスト、営業にかかるコスト、事業部が製品を管理するコストなど、すべてを集計。算出される収益を、大きくしていくことを考えなければなりません。そのために、工場内で生産工程を見直したり、コストダウンを工夫したりすることが求められます。

工場は良質な製品を製造していればそれでよしとするのではなく、「つくった製品を売って、収益を上げ、従業員とその家族を養い、税金を納めて社会に貢献することまでが工場の役割である」という考え方から生まれた仕組みです。

工場長である私は、製品の設計から生産計画、製造そして収益までをいつもチェックしながら仕事を進めなければなりませんでした。このときの経験が、私の経営者としての原点になっているといえます。

当時、工場には日立グループ従業員五〇〇〇人、関係者を含めると合計で七七〇〇人が働いていましたから、工場といえども一つの企業と同じぐらいの規模です。肩書きは工場長でも、その存在は「市長なみに大きい」などとも言われるほどでした。

七七〇〇人となると、なかなか一人ひとりと接する機会はありません。私が多くの従業員を一度に目にする機会は、正月や年度始めなどに全員の前で式辞を述べるときと、年に一回の大運動会のときしかありませんでした。

運動会では、従業員が整列をして行進してくる場面があります。遠くのほうからザッザッという足音が響いてきて、本部席の前を通るときにピッと敬礼をするのです。そこで私も敬礼を返す。大人数の迫力に圧倒されると同時に、従業員とその家族の生活を守るリーダーの責任の重さを実感したものです。


私が工場長になった一九九二年は、バブル崩壊後の景気後退が一般の人にも実感され始めた時期でした。製造業では、一般経済よりもやや遅れて不況の影響が現れるのが一般的です。私は、そのときの工場出荷額は、さらに減少を続けるだろうと予想していました。

それは深刻な経営悪化を意味します。

当時の日立工場は、おもに火力、水力、原子力の発電プラントで使われる機械・設備を製造・販売する巨大な工場でした。広大な敷地の中にいくつもの大きな工場が建ち並び、一周するにはかなりの時間がかかります。

家電部門と違って、同じものを大量に造るタイプの工場ではありません。火力でも原子力でも、その発電所の規格に合わせて機械を設計し、一つひとつ図面を引いて造らなくてはなりません。基本の設計ができたところで、機能面と安全面の両方から大量の検討が必要です。まず小さなモデルをつくってテストをし、その次は二分の一のモデルをつくってテストします。

「やっぱりこれじゃダメだ」となれば、またやり直し。その調子で何度も繰り返して製品をつくっていくのですから、どうしても時間とコストがかかります。

私は工場長就任後、すぐに「H・i-TOP21計画」という経営改革に着手しました。「良いものを安く、速くつくる」をスローガンに、固定費と原価の削減、組織の見直しによる業務の簡素化などを進めました。世界一流の生産拠点をめざすため、定期的にH・i-TOPミーティングを開き、従業員の意識改革にも取り組みました。単にコストや売り上げといった数字的な目標を達成するためだけのものではありません。「世界一流の製品は四つの要素、つまり信頼性、価格、納期、サービスがすべて満たされていなければならない」という考えのもと、改善提案するものです。「H-i-T O P」という名称にも、「H i（日立グループ全員が）-T O P（トップ製品、トップ工場をめざし）、T（tough：強靭《きょうじん》で）、O（originality：独創性を持ち）、P（powerful：力強く）、21世紀に向けて飛躍しよう」という意味を込めました。意識を変えるからこそ、結果としての数字もよりよくなると考えたのです。

こうした試行錯誤も、その立場に立ってやってみなければ、大変さはわからないものです。

私は工場長になる前に一年間、副工場長を務めていましたが、実際に工場長になってみると、工場長と副工場長では責任の重さがまったく違うということを強く感じました。副工場長は、工場長の仕事を手助けしたり、いろいろな助言をすることはあっても、最終的に責任を負う覚悟をしている立場とは、やはり重みが違うのです。

ただ、その場に実際に立ってみないとわからないとはいえ、ラストマンとしての心を鍛えるには、自分がラストマンの立場に立つことを想定して物事を考えてみる習慣を身につけることは大事です。すべてを引き受けるという気概を持っていれば、いつでもラストマンになる準備ができるようになるはずです。

始末書を書いた枚数だけ成長する

私が若い世代に一つアドバイスをするのであれば、「失敗を恐れるな」——ありきたりかもしれませんが、そう伝えるでしょう。

仕事上の失敗は、誰もが必ず経験することで、避けては通れません。

現在、多くの会社で会長や社長になっている方々も例外ではないようで、失敗したときのエピソードをインタビュー記事などで披瀝《ひれき》しているのをよく見かけます。その点は私もまったく同じで、大小いくつもの失敗を経験して現在に至っています。

「若いときの苦労は買ってでもしろ」と言われますが、まったくその通りで、とくに若い社員の失敗なら、それで会社が潰《つぶ》れたり、クビにされたりすることはありません。若いときは少々失敗をしても、多くの経験を積んだほうがいいと私は考えています。

日立に入社してまだ間もない二三歳のころ、羽田にある取引先に納めようとした発電機に異状が見つかりました。先にも少し触れましたが、発電機の温度が上がりすぎてしまい、うまく動かなかったのです。

この機械は、風を使って発電機の熱を冷却する仕組みになっていたのですが、先方の工場が狭かったので、熱がこもらないようにしようと、いつもと違う風の経路で設計をしました。工夫したつもりが、逆に思ったほど風を取り込むことができず、それが原因でオーバーヒートしてしまったのです。

上司からは、当然大目玉です。ひざが震えて、現状を説明するのがやっとだったのを覚えています。その後、日立工場から羽田まで飛んでいき、取引先に頭を下げたのですが、相手はカンカンです。何十分も怒鳴られ続けました。帰りの電車では自分の至らなさが悔しくて情けなく、涙が出そうになるのをグッと堪えていました。あの想いは、今でも忘れられません。結局、最初の設計からやり直したために、お客様には一カ月くらい待っていただくことになってしまいました。

当時の日立の上司たちは、大ざっぱにしか教えてくれなかったので、図面を見せても「風量に気をつけろよ」と軽く注意するぐらいで、細かく「ここはこうしたほうがいい」などとは指導してもらえませんでした。トラブルが発生しても、工場の上司が謝罪に行くことはなく、「お前が行って怒られて来い」と放り出されます。今の若者なら、そんな会社は数週間で辞めてしまうかもしれません。

しかし、二〇代、三〇代前半ぐらいの体力があって元気があるときに、そのような大きな失敗をしておく意味はあります。それは、「耐性をつけることができる」ということです。「この仕事は自分が最後まで責任をとるしかない」と覚悟も生まれるでしょう。

皆さんの会社でも始末書はあると思いますが、私も五〜六回は書きました。

「今回このような失敗を起こしてしまいました。私はこの後どう処分されても構いません。謹んでお受けします。川村隆」といった内容を、八〇センチくらいの巻紙に墨で書いて、上司に提出するのです。

私が設計を担当した機械の多くは、発電所で使われる機械です。設計が終わって、実際に機械をつくって動かしてみると、工場中を揺るがすくらいの大音響が出てしまったり、振動が出たりしたこともありました。そうなるともう大変で、何日も工場に通って夜中に機械を止めてもらい、なかにもぐりこんで、不具合を確かめるためにあちこち叩《たた》いて音を確かめるなどしていました。そして、悲痛な思いで始末書をしたためるのです。

始末書は自分で自分に出す、いわばイエローカードみたいなものです。「どんな処分でも謹んで受けます」と書いてあるので、いつ異動になるのかもわかりません。上司としては、「命を取るかどうかの権利を預かった」ということでもあります。当時は、上司から何度厳しく叱られても改めようとしなかった血気盛んな社員もいたので、始末書を書かせることには、そういう意味でも教育的効果があったのだと思います。

しかし、これには後日談があります。

しばらく後、昇進で転勤が決まったとき、その上司（元上司）に報告しに行くと、「そうか」と言いながらスッと引き出しを開け、以前に私が提出した始末書を取り出したのです。

「お前の始末書、返しとくから」

そういって手渡されたときは、感慨深いものがありました。

始末書だけではなく、夏と冬の二回分のボーナスがゼロだったことがあります。

妻からは「どうして毎日徹夜するくらい忙しいのに、収入が去年より少ないの？」と聞かれたりしました。

「ちょっといろいろあったんだ」と説明しましたが、このとき会社は一〇億円単位の損害を被っていたわけですから、本当は私のボーナスを一年分削ったところで、損失を補うには全然足りるわけがありません。しかも一年後にはボーナスも元に戻りましたから、会社は一〇億円以上の損失に対して、社員にはわずかなペナルティを与えただけだったのです。

私は、会社組織の中で仕事をすることのありがたさを痛感しました。

会社の中で仕事をしていれば、ときには上司と意見が合わなかったり窮屈な思いをしたりすることもあります。しかし、一方では会社の設備やお金を使って、一人では決してできない大きな仕事にチャレンジできるのです。

アメリカの経済誌フォーブスの二代目発行人であるマルコム・フォーブスは「失敗は成功だ。もし、そこから学ぶのであれば」と語っています。私自身は始末書の数だけ貴重な経験をして、成長できたのだと思っています。

「逃げたくなる気持ち」と向き合うコツ

大きな失敗をしたときや、トラブルに巻き込まれたとき。思わず逃げたくなるものです。

あるいは、大きなプロジェクトの指揮を任されたり、「海外支社をテコ入れしてほしい」などのビッグチャンスの前で、立ちすくんでしまう人もいるかもしれません。

ラストマンになれる人となれない人の違いは、今目の前で起きている出来事に対してどう行動するかにあります。

たとえば、街中で道に迷っているような人を見かけたとき、すぐに声をかけて助けてあげるのか、「道に迷っているわけではなかったとしたら、自分が恥ずかしい」「いろいろ聞かれると面倒だな」と考えて声をかけずに立ち去るかの違いと同じです。

私は元来、楽観的な性格で、あまり先のことを心配したり悪いように考えたりしないほうだと思います。そのおかげで切り抜けることができた場面も多々あるでしょう。

ときには難しい仕事や肉体的、精神的にキツい仕事を任されたこともありますが、だからといって仕事上のことで逃げたくなったり、会社を辞めたいと思ったりしたことは、一度もありませんでした。

仕事上の失敗は自分の財産のようなものですから、チャレンジして失敗することをむやみに恐れる必要はありません。たとえ失敗したとしても、経験値は確実に上がるからです。

スキーの初心者が初めて急斜面を滑るときは、スタート地点に立っただけで足がすくむものです。「途中で転んだらどうしよう」「止まれなくなったらどうなるんだろうか？」とあれこれ考えていると、なかなか滑り出せません。しかし、最初の一歩を踏み出さなければ、転ばないかもしれませんがスキーを滑れるようになりませんし、スキーの楽しさを知ることもできません。

逃げる癖は一度ついてしまうと、簡単には消えません。下手をすれば一生逃げ回ることになってしまうかもしれない。しかし、逃亡の先に未来はありません。

「恐れずに立ち向かう」にもコツがあります。

四〇歳のころ、当時の三田勝茂社長と部長にプロジェクトの技術的な説明をする役に抜《ばっ》擢《てき》されたことがありました。社長に直接プレゼンテーションをする機会など滅多《めった》にありません。失敗すればプロジェクトの成否そのものにかかわるかもしれないと考えると、さすがに緊張しました。

そこで、私は上司に「私が説明しようとしている話は、三田社長にとってどのくらいの重さがあるでしょうか？」と質問してみました。

すると上司は、「たぶん、三田社長の頭の中の一％も占めていないだろうな」と答えたのです。「なんだ、その程度か」と気分が楽になったのを覚えています。

自分の役割が全体の中でどのくらいの重要度を占めているかを考えると、一見キツそうに思える仕事が、案外そうでもないことに気づくこともあります。「少しくらい失敗しても大丈夫」と思えれば、必要以上に緊張したり、逃げ出そうと考えたりはしなくなるのではないでしょうか。

「山より大きいイノシシは出ない」と言われるように、物事にはおのずと決まっている上限が存在するものです。心配すればするほど不安が大きくなりますが、心の持ちようで小さくすることもできるのです。

そして、逃げずに立ち向かうと、意外と問題は小さかったと気づく場合もあります。あれこれ考えすぎるより、行動に移してみるのが一番の解決策なのです。

「五一点」で満足する

若いころは失敗が多いのは当たり前ですが、歳を重ねるにつれ、経験則を活かして失敗は減っていきますし、リスクヘッジの仕方も学びます。

私流のリスクヘッジの仕方の一つが、「早く、小さく失敗する」という方法です。

たとえば、新規事業に乗り出すとき、第3章で紹介したプロセスを経て実現したとしても、思うように収益が出ないこともあります。そういう場合は、サッと事業を閉じてしまうと、失敗は小さくおさまります。

ほかの企業で売れる製品やサービスが出てから、後追いで事業を立ち上げる。これでは遅すぎます。これも第3章で書きましたが、ピークを迎えたら、それはすぐに仕舞う準備を始めるタイミングです。ブームが起きてから進出するようでは、撤退するころには赤字になっているでしょう。

したがって、早く動くことで、失敗を最小限に食い止めるのがベストなのです。

同時に、ピンチに陥ったときは「五一点でいい」と思うこと。五一点というのは、半分よりちょっとだけ上、ギリギリ及第点です。

これは私が社長を引き受けたときの心境にも近いものがあります。

当時は、「引き受けてみて、うまくいかなかったらすぐに退こう」と考えていました。

非常に困難な状況では、いつも一〇〇点満点の成果が出るとは限りません。そこで完璧をめざそうとすれば撤退の判断が遅くなりますし、鈍くもなってしまいます。そのようなときは、ある意味、開き直りのような気持ちも必要なのです。

一〇〇点にこだわってゼロになってしまえば、またゼロからやり直しです。そうではなく、今の状況、今の仕事が五一点の及第点に到っていればOKだと考えてよい。また別の仕事で挽回するチャンスはいずれ巡ってきます。

一〇〇点に到達することはできなくても、失敗することで自分の力を高められます。リーダーになる前には、誰でも必ず失敗したり、厳しい状況を経験したりするものです。その中には、コテンパンに打ちのめされる経験もいくつかあるでしょう。苦しいときはその問題に全力で向かっているので、自分の成長を自覚しづらいとは思いますが、そういう苦い経験を積むうちにラストマンとしての覚悟が生まれますし、力量もついてくるものです。

そして、部下を育てる立場の人にも、同じように五一点を受け入れる度量が重要です。一〇〇点満点をめざすのは、悪いことではありませんが、実社会では一〇〇点が必要ではないことも多いのです。一度や二度の失敗で「こいつはダメだ」と見放してしまうと、部下を育てるどころか、つぶしてしまいます。何より、人に完璧を求めないほうが自分自身もずっと楽になります。

「五一点でいい」という心構えが、多くの場面で自分を助けてくれるはずです。

部下の指導に「持ち時間の二割」を割け

皆さんは、部下の指導にどれぐらいの時間をかけているでしょうか。

「部下の指導に追われっぱなしで、自分の仕事まで手が回らない」という方は、コントロールする必要がありますが、それほど時間を割いていない方のほうが多いのではないかと思います。

私は、「部下の指導には、自分の持っている時間の二割を割け」とよく言っています。

二割というのは、一日八時間のうちの一・六時間、一カ月の約二〇営業日のうちの四日間ですから、かなり多いと感じると思います。指導をしようという気持ちを意識的に持っていないと、達成できない数字でしょう。

裏を返せば、リーダーにとって部下の教育はそれほど大事だということです。

若いころはトラブルが起きたときに「一人で行って来い」と放り出されたりはしましたが、私自身が部下を持ったときは、お客様のところに謝りに行くときに部下を連れて行き、一緒に怒られたり、私が叱られる姿を見てもらったりしていました。「誠意を持って対応しろ」と一〇〇回言うより、実際に行動している姿を見せるほうが、部下にとっても得られることが多いのは間違いありません。

そして、部下の仕事の進捗状況も、きちんと確認すること。

手取り足取り教える必要はないでしょうが、要所要所で「それだったら、こういう勉強もしたほうがいい」「あそこへ行って話を聞いたほうがいい」とアドバイスをするべきです。当たり前のことですが、部下が相談を持ちかけてきたらしっかり聞いてあげるのも、上司の基本的な役割です。

私がとくにやらなければならないと考えているのは、将来のリーダー候補たちにリーダーシップ教育を行うことです。

受験生のことを考えてもらうとわかりやすいと思いますが、一般的に、自己流で勉強した子よりも、いい家庭教師についてもらった子どものほうが成績は伸びるものです。

ここで、いい家庭教師とダメな家庭教師の違いは、漢字や計算を教えるのがうまいかどうかではありません。いい家庭教師は、ただ勉強を教えるのではなく、学問の楽しさや達成感を経験させながら、「あそこの大学に入ると、こんな研究ができるぞ」「こんな先生の講義が受けられるぞ」と生徒に教えます。そうして子どもたちが勉強自体に興味を持つように仕向けることができるのが、いい先生です。興味があることは自然と頭に入り、勉強に対するやる気も出てきます。やる気があるのとないのとでは、身につく内容にもスピードにも格段の差が生まれます。

同じように、リーダー候補の社員たちも、自分でリーダーシップの本を読むだけではなく、上司から直々にアドバイスをもらったほうが伸びるものです。

「ポジションが上になると、大きいプロジェクトを任せてもらえるぞ」「世界のこんな舞台で活躍できるようになるぞ」と、将来像を示して部下をやる気にさせるのが、いいリーダーです。

ただ単に、ＯＪＴで専門知識や技術だけを身につけることに重点を置いて部下を教育していると、専門分野には精通していても視野の狭い人間になってしまいがちです。

ラストマンとしての自覚は、誰かに教えられるものではなく、自分自身で学び取るものです。それを促し、サポートすることが本当の意味でのリーダーシップ教育になるのだと思います。

いきなり、大仕事を任せてみる

部下には小さな成功体験を味わわせよう、とよく言われます。

確かにそれも大事ですが、それと同時に、ときには大舞台を用意するのも成長のチャンスを与えることになります。

私が部門の代表を任されて海外出張に行ったのは、入社してわずか一年数カ月しか経っていないころでした。最初はパキスタン、その次はカナダ、アメリカ、アルゼンチンに出張して「注文を取って来い」というのが、そのときの上司が私に与えたミッションでした。

アルゼンチンでの仕事は、アトゥーチャ原子力発電所のタービン発電機の受注でした。アトゥーチャは南米初の原子力発電所で、今も稼働しています。このときは、原子炉を提供するのはカナダのキャンドゥ・エネルギー社で、日立はタービン発電機のほうを担当することになっていました。私たちはたしか六人くらいのチームで、注文を取るのは営業担当の人、技術面のプレゼンと質疑に答えるのが各専門部門の技術者という構成でした。発電機の担当タービン部分の担当は粂野《くめの》幸三《こうぞう》さんで、当時の部長（後の専務）でした。

は私一人で、組み合わせとしてはアンバランスでしたが、上司は「発電機についてはあまり問題がないはずだし、いい経験になるからお前が行って来い」と考えたのだと思います。

入社したばかりの新人に任せるにはいささか大きな仕事だったと思いますが、人手が足りなくて新人に行かせるしかなかった、という事情もあったのでしょう。

出発前、上司がプレゼンのレクチャーをしてくれたのですが、実際はレクチャーとは言えないほど簡単なアドバイスでした。パソコンもない時代ですから、絵を描いた大きな紙を貼り出して、「こういう機械に仕上げます」とか何とか説明するわけです。それを上司の前で英語でしゃべる。私がボソボソと話していると、「ダメダメ。もっとちゃんと相手の目を見てしゃべろ」「目を見て、大きい声で、口を開けて話せ」などと言われて、それでおしまいでした。時間にするとだいたい三〇分ぐらいだったと思います。

入社したばかりで会社の看板を背負ってプレゼンをするとなると、普通はプレッシャーで押しつぶされそうになるかもしれません。私は楽観的なので、「会社のお金で海外旅行に行けるなんて、ラッキーだな」と無邪気に喜んでいました。当時は一ドル三六〇円もするころですから、個人で海外旅行に行くのは夢のまた夢だったのです。

そのうえ、その仕事は個人戦ではなく、団体戦のようなものだったので、私が少しくらい失敗しても影響はないだろうと、妙に肩の力が抜けていました。

ただ結果は、当時の日立はその分野では海外でまったく知名度がなかったので、残念ながらドイツのシーメンス社に負けてしまいました。


同じころ、パキスタンの商談にもチームの一人として参加しました。こちらは見事に商談が成立し、工場に帰ってから報告すると、製造現場の先輩たちが「よくやった!」と大喜びして、お酒をおごってくれたことを覚えています。

当たり前の話ですが、製造現場の人たちは、注文がなければ製品をつくることはできません。だからこそ、「仕事を持って帰ってくれた」と喜んでくれたのです。自分一人の力で契約を取れたわけではないのですが、「自分も会社の人たちの生活を支えるための働きをしているんだ」と実感したものです。

そういう体験を通して、ラストマンとしての自覚が少しずつではありますが、芽生えていったのかもしれません。

「もっとちゃんと英語を話せるようになりたい」という思いも強くなりました。海外での商談では日本語ならしっかり説明できることでも、英語ではなかなかうまく説明できず、もどかしい思いを何度もしました。それ以来、英語は今でも勉強を続けています。

もちろん、人によっては、いきなり「海外に商談に行って来い」と任せてしまうと、挫折してしまう可能性もあります。前にも書いたように、昔と今とでは、育った環境がまったく違います。しかし、自転車を一人で乗れるようになるには、いつか支えていた手を離さなくてはなりません。部下の背中を押すのも上司の役目です。

最近は、部下に大きな仕事を任せようとしない上司もいるようです。その理由は、「部下が失敗したときに責任をとりたくないから」か、あるいは「部下に指導するより、自分でやってしまったほうが早い」という思いもあるのかもしれません。いずれにしても、部下を成長させることを責務の一つとして認識できていないということです。

たしかに、大きな仕事を任せても、思うような成果を出せずにガッカリすることもあるでしょう。若いころの私自身も失敗続きでしたが、それでも大きな仕事を次々任せてもらえたのは、「そのうち育つだろう」と上司たちが寛容だったからではないかと思います。

部下を成長させるために、「何か問題があっても自分が責任をとる」と覚悟を持ち、大きな仕事を任せられるようになることも、ラストマンへの道程の一つです。

「叱る」と「詫びる」の徹底

随分前から、部下を叱れない上司が増えていると言われています。

部下がミスや失敗をしたときに何も言わずに済ませるのは上司として失格です。ときに嫌われ役を買って出ることになったとしても、やるべき使命を果たさなくてはなりません。部下のために叱らなければならない場面もあるのです。

部下を叱るときは、〝一番大事な瞬間〟に叱るのが基本です。

ミスをしたその瞬間、本人が「マズイな」と思っている瞬間に叱らないと効果はありません。子どもがいたずらをしたときと同じです。タイミングよくサッと叱って、ミスへの対応や次の仕事の進め方などの指示は、その後にします。

ネチネチ責めるのは相手を追い詰めるだけですし、相手の人格を攻撃するような発言をするのは論外です。相手も失敗したくてやったわけではないので、感情的に怒鳴る必要もありません。

　また、一対一で叱ることも意識します。大勢の前で叱ると相手のプライドを深く傷つけます。ときには、全組織の教育のために上司がみなの前で叱ることが有効な場合もありますが、それは特殊な例でしょう。

　私が部下を叱ることが多かったのは、行動するべきときにきちんと行動しなかったような場合です。たとえば機械のトラブルが起きたという報告があり、よくよく話を聞いてみると、前日から予兆があったのに、しっかり点検していなかったという場合がそうです。

　現場で大事な瞬間に立ち会っているにもかかわらず、行動を起こしていなかったとわかると、ちょっと声を荒らげて「辞めてしまえ！」と怒鳴ったこともありました。

　ある部下は、海外の商談で金額の提示を迫られたときに、その場で「七〇〇〇万ドル」と言えばローターの注文が取れたところを、「東京へ持ち帰ります」と言ったがために失注したこともありました。結局、競合していた他社が七二〇〇万ドルで受注したので、約七二億円の失注でした。

　このときは「なんで金額をその場で言わなかったんだ！」と、かなりキツく叱ったことを覚えています。大事な瞬間に行動しないのは、責任を取る覚悟がないからでしょう。現場に出向いているときは、その人が会社の代表であり、ラストマンであるべきだと私は考えていますから、本来なら自分の判断で答えを出さなければならないのです。だから、「お前はすごく大事な瞬間を逃したんだぞ」と理解してもらうためにも、きちんと叱らなければなりません。

しかし、この件に関しては、実は私のほうに落ち度がありました。後からよく考えてみると、部下を商談に行かせる前に、「七〇〇〇万ドルまでの権限をお前に与える」と伝えていなかったことに気づいたのです。

私に限らず、多くの上司は「何か問題があったら相談して」というくらいで、金額の上限や権限をきちんと決めていない場合も多い。それを伝えておかなければ、本人もその場で具体的な金額を持ち出して交渉することはできません。

このときはその部下を再び部屋に呼び、「私が金額の設定をしておかなかったのが、悪かった。一方的に叱って申し訳なかった」と素直に謝りました。

このような状況は日常の業務でも意外とよくあることです。上司も完璧な人間ではないのですから、間違えて叱ってしまう場合もあります。その場合は、素直に部下に謝るべきです。

自分の過ちをきちんと認めることもラストマンのあるべき姿です。その姿勢があれば、ときに感情的に叱ったとしても、部下との信頼関係は築けるはずです。

組織の中で立場が上になればなるほど、見栄やプライドなど、余計なものを抱え込んだり、背負ったりしています。自分の間違いを認められなくなったり、自己保身のためにミスを隠そうとしたりするのはそのためです。

トラックも、空荷なら楽々カーブを曲がれますが、重い荷物を積みすぎて過積載の状態になれば、簡単なカーブも曲がりきれなくなってしまいます。ラストマンも、余計なものは背負いすぎず、いつでも身軽でいるべきなのです。

「君子豹変《ひょうへん》す、小人革面す」という言葉があります。

豹の毛が季節によって抜けかわり模様が鮮やかに変わるように、徳の高い立派な人物は、過ちに気づけば即座にそれを改めて、心を入れ換えるため、行動の上でも変化がみられるようになる。一方小人は、表面上は革《あらた》めたように見えても、内容は全然変わっていないものだ、という意味です。

ラストマンは、いつでも〝君子〟であるべきで、〝小人〟になってはいけません。どんな小さなことでも自分の間違いを素直に認める勇気が必要です。

「ケチらないで褒める」

部下の指導法の一つとして、褒め方も非常に大事です。私自身も意識して、部下を褒めるようにしていました。

褒められれば単純にうれしいので、次も頑張ろうというモチベーションになります。また、褒められることによって、「なるほど、これはいいことなのだな」と評価基準を再確認できるので、自信を持って仕事に取り組めるようになるものです。

たとえば、お客様から「いつもAさんにお世話になっています」という話を聞いたとします。「洗濯機のことでちょっとお願いをしたら、Aさんには関係のない仕事だったのに、いろんな関係部署から資料を集めてくれて、とても助かりました」などと話を聞いたら、それをすぐにAさんに伝えます。

そこで、「お客様は随分喜んでいたぞ」「技術の面以外でも大事なところをちゃんとやってくれていて助かるよ、お客様から信用されているね」という具合に褒めるのです。

私が普通に「いつも頑張っているね」と褒めるより、お客様と上司の双方から評価されているとわかるので、数倍うれしいはずです。このように、第三者の評価を借りて褒めるというのは、かなり効果がある褒め方のようです。

私自身も、褒められて自信を持てるようになった経験があります。

私が火力技術本部長になったときのことですが、同じ部門の中には私より年上の部下が五～六人いました。当時、私は五〇歳の少し手前で、部下が五〇代。経験豊富で優秀な部下だけに「ちょっとやりにくいな」と感じていました。

そのときに、誰かが「△□さんが、〝川村さんは若いけど、あの下だったらやれるかな、普通に仕事ができると思う〟って言ってましたよ」と教えてくれたのです。

これは直接的な褒め言葉ではないかもしれませんが、その話を聞いて、「一応、信頼してもらっているんだな」と安心しました。

叱ることに比べると、褒めるほうがずっと難しいものです。

心がこもっていないのに褒めると嫌味に聞こえてしまいますし、褒めすぎると相手の心に驕《おご》りが生まれるかもしれません。自信をつけさせるために、何でもいいから褒めたほうがよいという意見もありますが、私はそこまでしなくてもいいと思います。「要所要所で、ケチらずに褒める」というメリハリが大事です。

普段から相手を褒めるトレーニングをしていないと、いざというときにうまく褒められません。手始めに家族や友人など、身近な人を褒めて、相手に気持ちを伝えるトレーニングをしてみてもいいでしょう。

「評論家」は永久にラストマンになれない

ラストマンは最後に責任を引き受ける人物ですから、どんな結果になったとしても最後まで物事に関わり続けることが最低限必要です。

一方、その資質がない人物には、三つのタイプがあると思います。
①最初から関わらずに逃げる人
②一度は引き受けたのに途中で投げ出す人
③自分ではできないのに口だけ出す評論家タイプの人
たとえば、製品の事故が出て、一カ月で直さなければならないといったときに、人員を増やしてプロジェクトチームを組み、取り組む場合があります。こういうときは、上司が

適任者をプロジェクトリーダーに選び、仕事を任せるのが通常のやり方です。

リーダーに任命されたときに、①のタイプは、「私にはできません、時期尚早です」と拒むような人です。これは最初からラストマンになることを放棄しているタイプで、毒にはなりませんが薬にもなりません。

②のタイプは、リーダーを引き受けるところまではいいのですが、途中で役目を放棄してしまいます。現場に指示を出さず、部下が何か尋ねても「さあ、上の意向だから」で済ませ、作業を部下に押し付けて自分は何もしようとしません。意外と、こういうタイプはどこの組織にでもいるのではないでしょうか。

本人はうまく立ち回っているつもりでも、上層部に伝わって「あいつは引き受けておきながら、結局逃げたんだな」と思われたりします。これをやってしまうと、その後の評価は①のタイプの人より下がるでしょう。リーダーに任命してしまった上司に責任が及ぶこともある、やっかいなパターンです。

③のタイプは、発言は立派だけれども、自分では決して行動を起こさないタイプです。陰で「うちの会社はもっとこうすればいいのに」などと不満をブツブツ言っているのに、何も行動を起こさないタイプは、皆さんの周りにもいるかもしれません。

もし皆さん自身にそういう傾向があるなら、「評論家になってしまっている」のだと思ってください。

格闘技やサッカーなどの評論家は、昔はプレーしていても今の自分にはできないと自覚しているので、現役の選手をリスペクトし、応援もしています。一方、テレビなどに出ている政治や経済の評論家は、あたかも自分ならできるような口ぶりで立派なことを言い、政治家や官僚を批判したりしています。しかし、もし自分が実践する立場になったら、一〇分の一も実行できないのではないでしょうか。

いくら専門的な知識があり、分析力があったとしても、自分で実行しないのでは意味がありません。

もっとひどい評論家になると、すべてが終わってから「あのときはこうすべきだった」「こうすればうまくいったのに」と言いだします。自分では一切行動を起こしていないのに、行動を起こした人を批判するのです。こういうタイプも、周りからは「あいつに難しい仕事はムリだな」と評価されています。

周りは意外とよく見ているものですし、上層部までそういった情報は伝わっているものです。やはり、真っ当に努力する人が、正当な評価を受けるように世の中はなっています。

第5章

「慎重に楽観して」行動する9カ条

——成果を丁寧に出すための羅針盤

1 「慎重なる楽観主義者」という働き方

リーダーは孤独だとよく言われます。特に、痛みを伴う厳しい決断をするときのリーダーは孤独です。今回の改革の中で、私はずいぶんとその経験をしました。

最終的な判断は自分一人で決めなくてはなりませんし、誰にも気持ちはわかってもらえません。どういう思考を経て決断を下したのかは傍から見ている人にはわからないので、「見通しが甘い」だの「問題を先送りしている」だの、「過去の蓄積を無視して厳しすぎる」だの、さまざまな批判が殺到します。

ラストマンは孤独と仲良くしないとやっていけません。

自分の決断に迷いが出て、自分を信じられなくなるときもあるかもしれません。そういう場面でも自分の軸がぶれないよう、私が普段、よりどころとしているものがいくつかあります。この章ではその心構えを少し紹介させてください。

まず、「リーダーは〝慎重なる楽観主義者（cautious optimist）〟であるべきだ」というのが私の持論です。

この一見矛盾するような言い回しは、フランスの哲学者アランの『幸福論』の一節「楽観は意志に属する、悲観は気分に属する」から考えたものです。私なりのリーダー論だと言えるかもしれません。

私は日立製作所の社長を打診されたとき、最終的には「やればできる」と考えていました。ただし、「何とかなるさ」と単に楽天的に考えていたわけではありません。何をすべきなのかがある程度わかっていたので覚悟を決められたのです。また、私は、「出戻り組」なので、開き直っていたわけではないのですが、静かな心で対応することができたことが大きいでしょう。

楽観主義といっても、ただ能天気なだけの楽観主義ではいけません。前途に待ち伏せるリスクに対しては周到に準備する人、すなわち慎重なる楽観主義者です。現状を分析し、将来起こるかもしれない危機を見越して、慎重に考え、意志を持って希望を提示する楽観主義でなければならないと思っています。

よくあるたとえ話ですが、コップに半分の水が入っているのを見て、「半分しかない」ととらえるか、「半分もある」ととらえるか、という話があります。半分しかないと思う人はネガティブで、半分もあると考える人はポジティブだと言われています。

ラストマンはそのどちらでもなく、「水が半分も入っているけれど、コップいっぱいになればもっといい」と考える人でしょう。そしてコップをいっぱいにするにはどうすればいいかを考え、みんなを引っ張っていくのです。

どんな物事に対しても、自分の意志によっていくらでも楽観的になれます。

困難な場面でも「自分の成長の糧になる」と思えれば、たいていのことは乗り越えられます。気の持ちようによって結果が左右されるのはよくある話で、「うまくいかないんじゃないか」「失敗したらどうしよう」と悲観しているほうが、いい結果が出ないケースは往々にしてあります。

うまくいかなかったときの対処もあらかじめ考えておけば、「やればできる」と腹を括《くく》れます。そうすれば、物事は意外とすんなり解決するものです。

赤字が続いて会社が潰《つぶ》れそうだからといって、トップが社員に向けて「このまま赤字を解消しないと会社は潰れます」というメッセージを送るのは、社員を失望させる効果しかありません。将来に希望が持てなければ、モチベーションが生まれないからです。

たとえ同じ状況であっても、「赤字部門を縮小して、利益率を二年間で五％上げれば、黒字に転じることができます」という明るく前向きなメッセージなら、苦しい中でも一筋の希望になるでしょう。

どんなに困難な状況でも希望を見いだし、将来の展望について「こうすれば、こうなるはずだ」と論理的に説明して、みんなが向かうべき方向性を示すのがリーダーの使命です。

私も就任直後の「Ｋａｗａｍｕｒａ'ｓ Ｍｅｓｓａｇｅｓ」で、「日立には大きな財産がある」「ともに元気よく頑張っていきましょう」と明るいメッセージを伝えました。悲壮な決意より、楽観的な決意を示すほうが、人は鼓舞されるのではないでしょうか。

２　「開拓者精神」を忘れてはいませんか

国も企業も、そして人も、衰退する一番の原因は何でしょうか。

それは現状維持です。

物事がうまくいっているとき、とかく人は「このままの状態が続けばいい」と思う傾向があります。仕事が成功した時点で自己満足に陥り、新しいことに目を向けるのを止めて

「守り」に入るのです。

企業の場合、過去に成功した製品やサービスに固執し、既存のビジネススタイルの変化を嫌うあまり、世の中の変化についていけなくなり、取り残されてしまいます。

守りに入るということは、停滞の始まりでもあります。停滞は、何もしなければやがて衰退へと向かうでしょう。

ビジネスの世界では、常に上流に向かってボートを漕いでいるようなものです。油断しているとあっという間に流されてしまいます。さらに言うなら、ずっとボートの中だけを見ていると、自分が今どの流れにいるのかがわからなくなります。本流にいるのか、傍流にいるのかを確かめるために、ときにはボートを外から見る体験も必要なのです。

停滞することなく成長し続けるためには、常に新しい知識、技術、事業、市場を開拓し続けなければなりません。開拓者精神は成長の基本です。

日立の創業者・小平浪平は、日立創業の精神として「和」「誠」「開拓者精神」という言葉を私たちに残しました。

個人として誠実に物事に取り組むこと、社会からの信頼をかち得るための基本姿勢としての「誠」。集団として力を発揮するための「和」。そして、常に専門分野で先駆者でありたいと願い、能力を超えるような高いレベルの目標に挑戦し、未知の領域にも独創的に取り組もうとする「開拓者精神」が、創業から今日まで受け継がれてきたのです。

私は、この創業の精神は、これからも変わることなく受け継がれるべき大切な指針だと考えています。なかでも「開拓者精神」は、日立だけでなく、これからの日本、そして日本人が世界の中で生き残っていくためには欠かせない精神でしょう。

ただ、残念ながら、今の日本人は海外と比べると「開拓者精神」に乏しい感じがします。

これは日立の海外の取締役にも、指摘されることです。取締役会に参加している執行役の説明を聞いた海外の取締役たちは、「アグレッシブじゃない」「開拓者精神を忘れているんじゃないか？」と厳しい言葉を投げかけるのです。国内の執行役は、開拓者精神を持ってやっているつもりでも、海外の一流企業のトップを務めてきた取締役たちから見ると、まだまだおとなしすぎるようです。

「ちょっと頑張ればできそうな無難な提案が多い」「攻めて攻めてという部分がどうもまだ足りない」というのが、彼らの意見です。

これは日立の問題でもあり、日本の問題でもあると思います。

今の日本はインフラも整っていますし、物質的にも豊かで、さまざまなサービスも揃っています。世界の中でも比較的暮らしやすい環境です。海外に留学する人も減っていますし、日本人のなかには「外に出て行ってやろう」「開拓していこう」という気持ち自体が薄らいでいるように感じます。

また、規制や管理が厳しいので、新しいことを始めようにも横やりが入ったり、排除される場合があります。そのため、チャレンジングなベンチャー企業が育ちづらく、無難なことをやっている人しか生き残れないというのが現実です。

昔からの年功序列の考え方も根強く、下の者を押さえる気風がなかなか抜けません。何もしないでおとなしく順番待ちをしているのが出世の近道になっているなら、誰もチャレンジしなくなるのは当然です。

そのような状況のなか、実力のある一部の人は年功ではなく実力で勝負できる場所を求めて海外へ出て行ってしまいます。実際に日本では出世できないとわかった研究者などが、アメリカへ行っているのは周知の事実です。

自ら開拓者精神を養うには、開拓者精神が育ちづらい環境にある日本を離れ、海外に出ることが次善の策かもしれません。今乗っているボートを降りて、これからはどの流れに乗るのがいいのか、離れたところから眺めてみるのです。

反面、今でも多くの日本人のなかに開拓者精神は眠っていると私は信じています。もともと日本人は、さまざまな分野で道を切り開いてきました。ビジネスの世界で言うなら、松下幸之助氏や盛田昭夫氏、本田宗一郎氏などはその代表格でしょう。

前にも触れましたが、二〇一四年九月、日立は管理職の給与について、年功序列を全面的に廃止することを決めました。これも、自ら切り開く力を養う一端になるはずです。会社が定年までの道筋を用意してくれるのではなく、自力で勝ち取っていくことになるからです。

年功序列の廃止についてデメリットを懸念する声もありますが、私は停滞する日本の状況に大きな風穴を開けることを期待しています。今後は、日立以外の日本企業にも同じような動きが波及していくでしょう。

このように考えるとき、一〇〇年前の小平浪平の言葉「開拓者精神」は、今ますます重要性を増しているのではないかと思います。

3　人生のプロジェクト・マネジメントをする

一つのプロジェクトを立ち上げるときには、まず目標を設定し、リーダーを選んでチームを組み、予算を組み、工程を組みます。プロジェクトを成功させるためには、最初の計画立案はもちろんですが、進捗状況をチェックし、必要なら修正を加えるというマネジメントが正しく行われるのが重要です。

私は、人生も、そのようなプロジェクトの一つとしてとらえています。プロジェクトであるからには、当然マネジメントも必要になってきます。

自分が置かれている状況に満足している人もいれば、「こんなはずじゃなかった」と不満を持っている人もいるでしょう。しかし、今うまくいっていてもいなくても、これから先、どうマネジメントしていくかを考えれば、人生の目標に近づくことができるはずです。

人生というプロジェクトの在り方は人それぞれです。

経営者をめざす人もいれば、一生技術者として開発を続ける人もいるでしょう。あるいは、ビジネス人生を早めに終わらせて、大学の講師やＮＰＯ法人を立ち上げるなどのプロジェクトもあると思います。

大事なのは、自分の人生を自分でマネジメントするという発想を持つことです。ビジネスマンであっても、会社や上司から命令されたことをこなしていくだけの人生を送るべきではありません。今自分のいる場所で、自分がやりたいこと、活躍できそうな分野を見つけて、能動的に取り組むべきです。

たとえば、五〇歳くらいで海外の大きなプロジェクトを指揮したいと思うのなら、三五歳くらいまでには英語をマスターしないといけません。そのためにＴＯＥＩＣ®で八〇〇点取ろう、海外勤務を希望して経験を積もう、あるいはビジネススクールに通って勉強しようという具合に、目標に近づくために今何をすべきかを逆算して考えるのです。

ビジネス人生を振り返ったとき、私には海外勤務や留学をする機会がなかったことが、唯一の心残りです。私が三〇代のころには留学してＭＢＡを取ろうなどという発想自体が日本にはなかったのですが、そのころに留学してＭＢＡを取得し、欧米企業で数年間インターンをして戻ってくれれば、どれほど視野が広がり、英語力も身についたかと思うと残念でなりません。

入社した時点では、工学部電気工学科を出た人間として、大きな発電設備をつくりたい、日本の復興、発展に貢献したいという思いがありました。一〇〇万キロワットを発電できる世界一巨大な発電所をつくれたので、その点では夢が叶《かな》ったわけです。

しかし、四〇歳ぐらいになると、自分の興味の範囲内のことしかやらないのはつまらない、という思いが強くなってきました。せっかくつくった世界一の発電所も、三〇年も経つとエネルギー効率の問題で、価値がなくなってきます。そのように世の中が変わっていくことを目の当たりにするうちに、だんだんと製品の企画やマネジメントのほうに興味を持つようになっていったのです。

会社のほうも自然と、私を技術者から経営のほうへ移していってくれたので良かったのですが、結局私が経営者としての人生のプロジェクトに取り組み始めたのは、四〇歳を過ぎてからでした。もう少し早く始められていたら……という思いが今はあります。

人生のプロジェクト・マネジメントを始めるのは、早ければ早いほうがいいでしょう。しかし、今まで忙しさに追われて何となく働いてきてしまったという三〇代、四〇代の方も、まだ遅くはありません。一日も早く、残りの人生を充実させるためのプロジェクト・マネジメントを始めてみてください。

人生のプロジェクトのリーダーは自分ですから、その点では誰に命令されることもなく、思い切りやれるでしょう。自分にとってもっとも大事なプロジェクトです。思い残すことがないように取り組んでほしいと思います。

4 「T型定規タイプ」が理想的

リーダーには、オールマイティに広く浅く仕事をこなす人と、専門家として一つの仕事に精通する人のどちらが向いているでしょうか？

ビジネスマンとしては、どちらのタイプにも道が開けていますから、たとえば財務なら、あちこちの会社の相談に乗れるくらいの〝財務の専門家〟をめざすのもいいだろうと思います。他の人が真似できないくらい一つのことに深く精通すること自体には価値があるので、あとは自分の専門性が生きる場所を見つけられれば、大いに活躍できるでしょう。

実際にキャリアを積んでいく過程では、専門分野を深く追求しなければならない時期が必ずあるものです。そのときは、じっくりと深く専門分野を追求すべきです。そのときに取り組まず、後から追求しようとしても、日々雑多な業務に追われてなかなかできないことが多いものです。また、目の前の仕事に真剣に取り組まない人が出世する道はありません。

しかし、リーダーとして経営のことも考えるとなると、一つの専門だけでは足りません。複雑な経営課題を解いていくには、「専門知識」では不足だからです。

私は、リーダーにふさわしいのは「T型定規」のようなタイプだと考えています。リーダーになる人は、自分の専門分野を極めた上に、経営や会計、資材調達、ヒューマンリレーション、そしてリベラルアーツなどを一定レベル身につけ、キャリアを積んでいくのが理想的です。ちょうど製図に使うT型定規のように、専門分野はスッと深く長く伸び、リーダーに必要なスキルがその上に横に広がる形を想像してもらうといいでしょう。

これが逆転すると、経営の専門的な知識があっても現場の知識やスキルには疎い、バランスの悪いリーダーになるかもしれません。そういう場合は専門知識のある人を右腕にするなどして、バランスをとるしかありません。

将来のリーダーになる人たちには、T型定規型のキャリアと知識を身につける努力をしてほしいのと同時に、会社もそうした意識を持って社員を教育する仕組みを取り入れる必要があります。

将来を担う人材の教育如何《いかん》によって、会社の将来が決まると言っても過言ではありません。会社が継続して成長を続けるためには、優秀な人材を育て、確保していくことが欠かせませんから、社員の教育に費やす時間やお金を惜しむべきではないのです。

5 思いやりの心もビジネスに活きる――恕

私の部屋には「恕」の一文字が書かれた書が額縁に入れて飾られています。書家の石飛《いしとび》博光《はっこう》さんに書いていただいた書で、自分を戒める意味を込めて、いつも見えるところに掛けてあるのです。

「恕」という漢字は「じょ」または「ゆる（す）」と読みます。

論語の有名な一節「子曰、其恕乎、己所不欲、勿施於人也（子曰《しいわ》く、其《そ》れ恕《じょ》か。己の欲せざる所、人に施すこと勿《な》かれ）」の中に出てくる言葉です。

これは、孔子《こうし》が弟子の子貢《しこう》から「一言にして以《もっ》て終身これを行うべきものありや（一生守り続けるべき、そんな言葉がありますか？）」と質問されたときに答えたと伝えられている言葉で、口語にすると「それは恕（思いやり）かな。自分の望まないことは人にも仕向けないことだ」となります。

ビジネスでも人間関係でも、失敗するパターンの一つが、相手の事情を無視して「私のやり方はこうだ」と自分の都合や流儀を押しつけることです。これは日立の場合にも当てはまります。たとえば「日立時間」と揶揄《やゆ》されていた意思決定の遅さによって顧客のニーズに応えられず、ビジネスチャンスを失ってきたのもその一つです。

私が若かったときのことを思い返してみると、とにかく自分の主張を伝えるのに必死で、お客様のところへ行っても相手の立場や気持ちを考えずに、自分の言いたいことばかりを話していました。きちんとコミュニケーションをとれていなかったのではないかと、今さらながら反省しています。

需要が供給を大幅に上回っているときは、少々サービスに問題があってもお客様のほうが我慢してくれるかもしれません。しかし、ある程度需要が満たされた状態では、お客様の目が厳しくなるのは必至です。そうした状況では、恕（相手を思いやる心）、あるいは、相手の立場になって考えることの重要性がますます高くなります。

そして、思いやりはビジネスチャンスにもきちんと結びつきます。

他にはない商品やサービスで起業しているベンチャー企業、コンビニエンスストアが行っている公共料金の収納代行やコンサートのチケット販売の代行なども、お客様の立場に立ってニーズを掘り起こして成功している例の一つです。

日立の社内にも前述のように、業務分析からスタートして新しいビジネスをゼロからつくろうとしている部門があり、相手の立場だったらこうするとか、こう考えるだろうということを引き出すような研究をしています。

そうした研究から、たとえば「銀行の窓口はどんな形が一番いいか」「みんなが使いやすいエレベーターのボタンはどれか」のような、〝少し先の最適解〟（93ページ）を追求するビジネスが生まれることを期待しているのです。

リーダーは人間関係においても、相手を思いやり、相手の立場に立つのが基本です。

部下に対して「オレの立場にもなってくれよ」という上司もいるようですが、それを部下に求めたらリーダーの資格はありません。部下のほうが経験も足りず立場も違うのですから、上司の気持ちを汲《く》み取れ、というほうが無理なのです。

むしろ上司のほうが、部下を思いやるべきです。

そして、いつも公平でなくてはなりません。

とはいえ完璧《かんぺき》な人間はいないので、誰にでも好き嫌いはあるものです。それをなくそうと、無理に嫌いな相手を好きになろうとすると、余計にギクシャクするだけです。

好き嫌いを排する必要はありません。誰にでも気が合う・合わないといった相性や、好き嫌いはあります。当然「あいつはどうも虫が好かない」と面白くない思いが出てくる場面もあります。そういった感情がなければ結婚だってできませんから、好き嫌い自体は大事な要素でしょう。

好き嫌いの感情は否定しない。しかし、それを実際の仕事には持ち込まないようにしなければならないということです。営業なら売り上げを上げているか、設計ならいかにいいものを早くつくっているかといった合理的な基準で公平に判断するのが、筋の通ったやり方です。

「あいつは嫌いだから」と、優秀な部下を個人的な感情で冷遇する人もいますが、とてもラストマンとは言えません。私も個人的な好き嫌いで評価を決めたり、判断しないように心がけてきました。リーダーが好きか嫌いかという個人的な感情で誰かを特別扱いしたり、冷遇したりすると、組織全体の秩序がおかしくなるからです。

なるべく合理的な判断に近づけるための手段として、私がよく実践していたのは、「いったん相手の立場に立って考えてみる」方法です。

たとえば、製品の設計について嫌いな相手と意見が食い違ったときに、「私がどう言っても、あいつは自分の意見を強く主張してくるけれど、あいつの立場に立って考えてみたら、これは正しいのかな？」と考えてみます。そうやって考えると、腑に落ちることもときにはある。あるいは、新しい発見があるかもしれません。

相手の立場に立って考えてみれば、自分が合理的な理由で判断しているのか、嫌いという感情だけで決めつけているのかがわかります。そうすれば、感情に任せて判断が鈍るのを防げるはずです。

6 読書で鍛えられるものがある

人は仕事により鍛えられ、人により鍛えられ、読書や学習によって鍛えられる。

これは私が今までのビジネスマン人生で実感してきたことです。ラストマンの精神も、仕事、人、読書によって鍛えられます。

とはいえ、仕事に関する勉強だけをしていると、どうしても視野が狭くなってしまいます。仕事であっても社内外の人に鍛えられるという面もたしかにありますが、それだけでは偏りが生じやすいのです。

やはり、読書で精神を向上させるべきだというのが、私の持論です。

テレビやパソコンなどから入ってくる情報は、自分の考えや感情に関係なく次々と入ってきてしまうのが問題です。その結果、入ってくる情報を処理しきれなくなり、情報中毒のような状態になってしまいます。受け身の姿勢で大量の情報に晒《さら》されているだけでは、リーダーにとって必要な思考力や判断力が育ちません。

その点、読書なら自分の脳で処理するスピードに合わせて、熟考しながらじっくり読めます。ただ本の内容を頭に入れるだけでなく、能動的に自分で考えながら読むことが力になるのです。

よく売れているビジネス書を読むのもいいと思いますが、私がおすすめするのは、やはり古典です。古典は数ある本の中から淘汰《とうた》されずに残ってきたものです。普遍的でいつの時代でも通用することが書いてあるので、やはり感銘を受ける話が多いのです。

たとえば孔子の『論語』や、江戸時代の儒学者・佐藤一斎《さとういっさい》の『言志四録』などには、仕事の役に立つ教えがたくさん書かれています。

『言志四録』は西郷隆盛《さいごうたかもり》の愛読書だったことでも知られ、おもに指導者としての指針が記されています。儒教というのは実学ですから、『言志四録』も当時から実学の書として読まれていたようです。今でいうビジネス書のようなものだったのかもしれません。

この本には、「少にして学べば／壮にして為すことあり／壮にして学べば／老いて衰えず／老にして学べば／死して朽ちず」など、有名な文章が載っています。

この言葉は、「少年時代に学んでおけば、壮年になってもそれが役立ち、何事かを成し遂げられる。壮年期に学んでおけば、老人になってから気力が衰えることはない。老年期になってからもなお学ぶことができれば、世の中の役に立って、死んだ後もその名は残る」（『佐藤一斎「人の上に立つ人」の勉強』坂井昌彦・訳／三笠書房刊　より引用）という意味です。

一見難しそうですが、書かれている内容は現代にも通じるものばかりです。

また、『幸福論』も座右の書にしている一つです。『幸福論』は世界三大幸福論と呼ばれる、三人の著者による本があります。

その中の一冊、バートランド・ラッセルの『幸福論』には、地味な仕事をキチッと続けていると必ずいいことがあるのだと、例を挙げて書かれています。たとえば、「壁にぶつかって苦労していると、誰かが必ずちょっと助言をくれる。壁にぶつからないで逃げれば、もうそれでおしまい」といった趣旨のことです。

ラッセルは、幸福と不幸の例をいくつも挙げて、人生をどう過ごすのが幸せかを考察しているので、これが大変興味深いと思います。

結論としては、自然と共生して、その世界で満ち足りて暮らし、ときどき世の中に出て充分働いてまた帰るのがいいと述べています。そして、それを一番実現できる職業は学者で、理由は仕事として自分の好きな研究ができるからだと書かれています。その次は芸術家ですが、芸術家は世の中の評判を気にしなければならないので二番目。それから追加みたいに、会社の経営者も幸せだと書いてあります。

もう一つ、カール・ヒルティの『幸福論』には、一仕事終わったら、きちんと家に帰りなさいと書いてあります。

「必ず晴耕雨読の生活に戻り、再び俗世界に呼び出されたときは、あまりグズグズ言わないで行きなさい。あいつは仕事をしてくれるだろうと期待されて声をかけられたのだから、グズグズ言わないで応じて、しかるべくちゃんと働いて、そのプロジェクトが終わったら帰りなさい。帰って晴耕雨読の生活に戻りなさい。なぜなら晴耕雨読の生活が人間の一番理想とする形だから」といった意味のことが書いてあり、こちらも現代の生活に通じるものがあります。

ラッセルの『幸福論』が一九三〇年頃、ヒルティのほうは一八九〇年頃に書かれたものですから、昔の人も同じように社会へ出て苦労をしていたのです。ただ、世の中で揉《も》まれて疲弊しきって人生が終わるのは、不幸だと思っていたのでしょう。働くときは懸命に働くけれど、「仕事が終わったらこうしよう」などと考えていたのだろうと想像しながら読んでいると、「今も昔も同じだな」としみじみ思います。

疲れて気力を使い果たしたときは、大好きな藤沢周平《ふじさわしゅうへい》の小説を読みます。『三屋清左衛門残日録』や『海鳴り』『風の果て』など、少し休養したいと思ったときに読むと気力が戻ってくるのです。文学ではドストエフスキーも好きで、引退後にゆっくりと読み直したいと思っています。

自分はどんな人間をめざすべきなのか、どう生きるべきなのか。本は、簡単には答えが出ない人生の命題について考えるときのテキストになります。

また、読書で見識を広めると、人生そのものを豊かにできる。人間は仕事だけで生きているわけではありませんから、仕事に役立つかどうかばかりを考えず、さまざまな本を読むことをおすすめします。

7 必要以上に群れない

元経団連会長の土光敏夫《どこうとしお》さんは、夜の宴会をやらないことで有名でした。その代わりに朝食会を開き、いろいろな人と会合をされていたそうです。その当時は、夜の宴会で商談をしたり、人脈を築いたりするのが当たり前の時代です。周りの人たちは相当面食らったと言います。

その時代に自分の信念を貫き、誰よりも仕事をして、行政改革や第一次石油ショック後の経済安定化や企業献金の改善などの結果を残したわけですから、やはりすごい人物だったのだと改めて感じます。

近年は会社の飲み会に参加しない若者が増え、上の世代の悩みのタネになっているという話を聞きますが、私としては夜遅くまで「俺とお前は仲間だ」と確認し合うだけの飲み会には付き合わなくてもいいと思っています。その点は、私も土光さんのようなやり方に、大いに賛成です。

コミュニケーションなら、業務上のやり取りの中できちんととれるでしょう。とくにコミュニケーションに時間が必要なら、一週間に二時間は部下との話し合いの時間をとるなど、そのための時間をつくればいいことです。酒を飲めば本音は出るかもしれませんが、効率としては非常に悪い。二時間飲んで、本当に大事な話をしたのは三～五分という場合もあるでしょう。

取引先の人たちも、昔ほど飲み会に来なくなっているのが最近の傾向です。飲み会に誘うと、「今日の飲み会に行くと、どういう情報を教えてもらえるんですか？」と聞かれることもあるようです。「いや、今日は特別な情報はなくて、ただの親睦会です」と伝えると、「じゃあ僕は遠慮します」と言われたりする。飲み会の考え方が変わってきているのです。

新しいお客様との関係を深めるためなど、飲み会が必要な場合もあるかもしれませんが、社内の人間と必要以上に群れるのは、ムダが多くなるだけ。メリットは少ないと思います。それなら、早く家に帰って家族と過ごしたり、自分の勉強のために時間を使ったほうがいいと思います。

仕事上でコミュニケーションをとり、成果を出せているのであれば、それで充分ではないでしょうか。職場の仲間と良好な関係を築くのは大事ですが、必要以上に群れていると、柵《しがらみ》が生まれ、内向き志向になるので却《かえ》って危険です。

職場の外に出会いを求め、職場にいると知り得ないような情報に触れられる場をつくるほうが、自分のキャリアアップにもつながるのではないでしょうか。


日立内部の人間関係のいいところは、派閥がないことです。卒業大学の派閥や、工場の派閥は昔からありませんし、社長派と副社長派とで対立するような例もありません。

これは歴代のトップが強調してきたことでもあるのですが、きれいに言うと、仕事できちんと成功した人を評価する気風がわりと強いのです。

他の会社の噂を聞くと相当派閥があるようです。派閥があると公正性を保てません。派閥の論理で人を昇進させていくと能力のない人がリーダーになるケースもあり、会社はおかしくなってしまいます。「人と群れない工夫」が大切な所以《ゆえん》です。

「君子の交わりは淡きこと水の如し、小人の交わりは甘きこと醴《れい》の如し」というのは『荘子』の中の一節です。

「君子の交際は水のようにさらっとして淡々としているが、小人物の交際は甘酒のように甘くてベタベタした関係である」と解釈されます。さらに「君子は淡くして以て親しみ、小人は甘くして以て絶つ」、君子の淡々とした関係がいよいよ親しみを増すのに対して、甘くてベタベタした関係は、一見濃密に思えても長続きしないものだと続きます。

やはりラストマンとしては、君子の交わりをめざすべきでしょう。

甘くてベタベタして長続きしない関係に、時間を費やす意味はありません。ここぞという場面で助け合うような関係にあれば、それだけで信頼関係は充分築けます。

8 自分の健康にも責任を持つ

ビジネスマンとして情熱を持ち続けるには、文字通りの意味での「体力」が必要です。体力は気力のサポーターですから、気力を持ち続けるためには、いつも体力を充実させておかなければならない。当然、体力をムダに消耗しない工夫も大切です。

私の場合は、平凡ではありますが、一日七〇〇〇歩、一週間で五万歩を目標に歩くことにしています。土日のゴルフで歩数を稼いでどうにか目標に近づける努力をしていますが、それでもなかなか大変です。

しかし、健康のためには妥協はできません。妻からは「歩数計の奴隷みたい」と冷やかされますが、体力を維持することも、私にとっては仕事の一部なのです。

体力をムダに消耗する筆頭は、暴飲暴食でしょう。

これも、ムダな飲み会をできるだけ避けることで回避できます。周りの人たちは「川村さんはつれない」などと言ったりしているようですが、あまり気にしていません。健康を維持して、しっかりと仕事をするほうが大事だと思うからです。

私が体力をキープしたい理由は、実はもう一つあります。

それは冬にスキーを楽しむためです。私は札幌生まれですので、子どものころからスキーに慣れ親しんできました。今では孫と一緒に滑るのが楽しみの一つ。七〇歳を超えていますので、体を鍛えるところまではできませんが、体をいたわりながら、かろうじてスキー戦線に留まるための体力づくりをしているのです。

七〇〇〇歩を歩くのにかかる時間は、だいたい一時間くらいでしょうか。ウイークデイにそれだけまとまった時間をとって歩くのは難しいので、時間を見つけては数千歩ずつ歩きます。

暑い日には、カバンの中に帽子を入れておき、朝はどの道に日陰が多いかなどと考えながら、並木の道を選んで歩くのは楽しいものです。気分もリフレッシュできますし、机の前では思いつかない新しいアイデアが浮かぶこともあり、私にとっては貴重な時間です。

あれを食べたら元気になれる、サプリを飲んだら健康を保てるなどといろいろな説もありますが、私としては歩くのが一番の健康法なのです。

9　ラストマンこそ「ラスト」が大事

どんな組織にも、トップが交代する時期があります。

総理大臣が交代したり、プロ野球やサッカーの監督が交代するように、会社のトップもしかるべき時期に交代したほうが、組織が活性化して発展するだけでなく、組織内部の腐敗を防ぐことに役立ちます。私は、安定成長期の会社では、同じ人がいつまでも会社のトップを続けるよりは、ある時期が来たら交代したほうがいいと考えています。

ただ、創業期の伸び盛りの会社では、話は別です。日立でも、創業社長の小平浪平は、実質的に社長を三六年間やり、会社の拡大・発展に貢献しました。現代でも、ホンダ、ソニー、ファーストリテイリング（ユニクロ）、日本電産など、実例は多いと思います。

そうではなく、会社が安定成長期に入っているのであれば、自分の役目が終わったと思ったらサッと退き、次の人が活躍できる場をつくるのがリーダーの役目です。また、それをできる人が優れたリーダーだと思います。

私も会長職を退いたときは、自分の荷物をまとめて、すぐに会長室から出ました。会長としての私の役目は終わったわけですから、当然です。社員からは慰留されましたが、会長室が「川村室」になってしまったら、組織はあっという間に腐敗していくでしょう。

男も女も引き際が肝心というのは、なにも恋愛にかぎった話ではありません。

組織のトップにはさまざまな権力を行使する権限が与えられています。気に入らない社員を左遷することもできるでしょう。そのため、権力が好きな人、あるいは権力に目覚めてしまった人が固執してしまうのもわかります。やはり権力は魔物ですから、権力を手放したくないと思うようになり、権力に執着することだけが生き甲斐になってしまう人は少なくないのです。

引き際は自分で決めるべきです。たとえ周りから止められたとしても、そのときが来たら組織から去るのが、ラストマンとしての最大の決断だと言えるかもしれません。

第6章 私たち日本人に必要な「意識」とは何か

――グローバル感覚とダイバーシティ

まだ日本に足りない「グローバル」の意識

日本では以前から「決められないリーダー」が問題視されていました。日本のリーダーにラストマンの意識を持っている人が少ないのは、村落共同体でやってきたからでしょう。

組織には「共同体」と「機能体」があります。共同体は家族や地域社会などの自然発生的なつながりであり、構成員の満足を満たすのが目的の組織。機能体は軍隊や行政のように、外的な目的を達成するためにつくられた組織です。

企業も利益の追求のためにつくられているので、本来は機能体に当てはまります。しかし日本の企業は、いつしか村落共同体に成り果てていました。村長さんが村の人たちの賛成意見と反対意見の両方を聞き、みんなで話し合いながら双方が納得するような落としどころを見つけるのです。

そういう村長さんタイプのリーダーは、今までの日本でならうまく機能していました。企業が発展する過程では、共同体のほうがチームワークと結束力がよくなるので、プラスに作用していたのでしょう。しかし、時間が経つと腐敗の温床になります。社員の間でなれあいが生じ、新しいことにチャレンジするような〝出る杭〟を徹底的に打つようになります。上司の顔色を始終窺《うかが》って気に入られようとする部下も増えるでしょう。

そのような村落共同体は、グローバルな、熾烈《しれつ》な競争の中では生き残れません。日本においてもこうした意識は次第に削ぎ落とされてきているように感じます。企業の利益を最優先に考える、本来の機能体の姿になりつつあるのです。

ただし、機能体とはいうものの、効率一辺倒を良しとするわけではありませんし、またそれでは人がついてきません。

機能性重視の合理的な仕事の運び方の中に、ほんの時折、人間性が強く見える瞬間があり、まさにそのときに人間と人間の絆《きずな》が強くなる、という経験を私は何回もしています。

たとえば若いころ、同じ部署の仲間と夜中まで取引先で製品の不具合を直し、「電車もないし、ホテルもあいてないし、どうしよう」と途方に暮れていると、部長が「みんな俺んちに来い」と誘ってくれ、連れて行ってもらった経験があります。そして、夜中に味噌《みそ》汁《しる》をつくって飲ませてくれたのです。そういう人と人とのふれあいがあったからこそ、私は日立でずっと働いてこられたのだと思います。

リーダーは、昔のようなベタベタした人づきあいに重きをおかなくなっていても、ここ一番の肝心要《かんじんかなめ》のときには猛烈な人間臭さを発揮できる人がふさわしいのかもしれません。ASEAN諸国などの新興国には、これらを尊ぶ気風が色濃く残っており、こうしたリーダー像がますます求められているようです。

今、日本は第三の開国の時期を迎えています。

第一の開国は明治維新、第二の開国は第二次世界大戦で負けたとき。いずれも黒船や戦争などの外部からの圧力で開かざるを得ない状況でした。

今は先進国でも新興国でも、資本財、すなわちヒト、モノ、カネが国境を越え、グローバルな動きをする時代になりました。ところが、日本は外へ出ていく人の数も、日本へ入ってくる人も、他の国と比べるとまだまだ少ない。海外への進出もまだ中途半端です。世界の潮流に乗りきれていません。本当はホームゲームではなく、アウェーでどんどんゲームができるようにならないといけないのですが。

輸出するモノも減り、最近は輸入と拮抗するぐらいになりましたし、国債も国内のカネで消化され、海外からのカネ（投資）は少ない状態です。国を閉ざしているというほどではないにしても、他国に比べると国を開くスピードが遅れていると感じています。

日本は先進国の中でもっとも少子高齢化が進み、これから労働力が減っていくのは目に見えています。国は一〇〇〇兆円もの借金を減らしながら年金や介護などの社会保障を維持しなくてはなりません。新しい成長戦略を描くには、医療や介護、教育、育児、環境、省エネルギー、温暖化対策、新しい農林水産業などの分野で新たな雇用を創出するしかないと私は考えています。

これからは規制を緩和して海外の技術や資金、労働力を入りやすくして国力を高めていくのが最善の策でしょう。そのためにも、優秀なリーダー層が不可欠です。

サッカーやテニス、ゴルフ、フィギュアスケートでは、国際的な選手がどんどん出はじめ、英語でのインタビューにも物おじせずに答えていますし、自分の意見を瞬時に述べるコミュニケーション力も高いようです。そう考えると、ビジネス以外では日本の若者はとうに世界レベルになっていると言えます。

日本の漫画やアニメも世界で通用しています。「物」ではなく、すぐれた文化や独特の感性などの「価値観」が日本のウリになるのかもしれません。経済成長をめざすだけではなく、そういう面での日本らしさも見直すべきです。

ビジネスの世界でも、ミドリムシの開発に成功したユーグレナのように、アントレプレナーシップ（起業家精神）のある若者の企業が台頭してきました。バングラデシュにも進出しているようですし、これから世界でもますます注目される企業になっていくのではないでしょうか。そういう若者がモデルケースになり、グローバルな人材が増えていくのだと思います。芸術やスポーツの世界では海外に移住して活躍している日本人は大勢います。日本にも、そのように各分野で活躍している人が移住するようになるのが理想的です。

また、海外の大学の先生が日本にしばらく住みながら、医療や化学などの最先端の研究が可能な環境をつくることができれば、その分野を世界的にリードしていけるでしょう。日本は物理学や化学の分野で多くのノーベル賞受賞者を輩出しているのですから、本当は海外から研究者が大勢詰めかけても不思議ではないのです。そうなっていないのは、日本ではあらゆる面で規制がかかり、国も研究をサポートしてくれないので、一級の研究者が研究を続けるのには厳しい環境だからではないでしょうか。

海外に出ていくことも大事ですが、国をオープンにして人を呼び込み、さまざまな人種が一緒に働いて暮らすような環境になったときに、日本ははじめてグローバル化を実現できたと言えるのかもしれません。

「正しい道がわかる人」を育てる教育

私は映画「男はつらいよ」シリーズのファンです。

作品の中で、渥美清《あつみきよし》演ずるフーテンの寅《とら》さんが、甥《おい》の満男《みつお》にこう聞く場面があります。

「お前は大学に行こうとしている。何をするために大学まで行くのか？」

満男は答えられません。すると、寅さんは、こう諭したのです。

「あのなあ、道が二股《ふたまた》に分かれていて、どちらが正しい道かわからない、そんなとき自分の頭で考えて、こちらに行くべき、と自分で決められるように、大学で学ぶのだ」

寅さんは自分で意思決定ができ、人生の方向付けができる人間になることの大切さを知っていました。寅さん自身は、二股道に来るとエンピツを倒して行く先を決める、「風まかせ人間」であったにもかかわらず、です。

今の大学が、意思決定力と問題解決力のある人材を育てられているかというと、疑問です。これから企業はとくに、入社後の人材育成だけではなく、学生の段階から人を育てることを真剣に考えていかねばなりません。

日立では以前から社員教育に取り組んできました。

しかし、社会人になってからリーダー教育を始めるのでは遅すぎると常々感じていました。社会人になってからリーダーとしての心構えや必要な資質を学んでいるようでは、海外に通用するリーダーに育つまでに時間がかかり、世の中の物事が進むスピードとは合わなくなっています。私は、大学である程度リーダー教育をしておくべきではないかと、大学のシンポジウムなどでも提言しています。

リーダー教育とはすなわちエリート教育です。海外の経営者と渡り合っていくには、企業や国を負って立つというラストマンとしての心構えや覚悟がなければ、いつまでたってもNOと言えない日本人のままでしょう。それはエリート教育で養われるものです。

平等主義がまかり通っている日本では「エリート教育」と言うと、いい顔をされませんが、今や世界でもエリート教育をしっかりしていないのは日本ぐらいです。日本ではミドル層の教育レベルは高く、それは素晴らしいことなのですが、加えて将来、国の中枢を担うリーダー層の教育こそ力を入れるべきなのではないでしょうか。

海外の経営者と会って話していると、歴史や数学、経営学などの博士号を持ちながらも幅広い教養を持っているので驚かされます。リベラルアーツ（一般教養）は社会人になってから一朝一夕で身につけられるものではなく、時間のある学生時代に学び、きっかけ作りをしておくべきでしょう。自分の専門分野とは別に、歴史や哲学などを学ぶような教育をしてほしいと、私は産業界の代表として大学側に提案しています。

ダイバーシティ（多様性）を受け入れるために

大学生の留学や海外でのボランティア活動の促進も、大学側にお願いしています。青年海外協力隊に入って外国を回ってきたような人材も、これからの企業には求められるはずだからです。

グローバル化が進むにつれ、どこの企業でもダイバーシティ（多様性）を求めるようになるでしょうし、海外でそういう意識を高めた人材に入ってきてもらいたいとも考えています。人種の壁を越え、女性も男性と同じ条件で働けるようになるために、ダイバーシティはこれからの基本の概念になります。多様性を受け入れることで、会社は強くなっていくのです。

大学の四年間で足りないなら、大学院に通ってもいいでしょう。勉強のために社会に出るのが二～三年遅れたところで、たいした問題ではありません。日立でも最近は通年採用が増え、一〇月にも入社式を行っています。

私は若いころから海外で火力発電や原子力発電の機器を売り込む仕事を担当していたこともあり、「日本はこのままでは世界で勝負できない」と肌で感じてきました。

その一つが英語力。国内で仕事をしているときはいいのですが、海外の商談で英語を話せないと対等に交渉できず、契約の最終金額を詰めることもできなかったので歯がゆく感じていました。

「通訳を雇えばいい」と思うかもしれませんが、専門的なビジネスの分野になると内容を理解できる通訳は限られています。通訳を介してのやりとりだと時間がかかりますし、やはり自分の言葉で説明できるレベルになっておくのが望ましい。したがって、私はこれからの日本ではバイリンガル教育にますます力を入れるべきだと考えています。トップリーダーやミドルリーダーなど、日本人の三割か四割ぐらいは日本語と同じぐらいのレベルで英語を話せるようにならないと、商談はできません。

日立でも、最近は外国人の社員が増えてきたので、会議を英語でやるケースも多くなりました。そういう場で日頃から英語でコミュニケーションをとれるようにしておかないと、海外でもなかなか通用しないのです。

実は私は、三〇歳を過ぎたころに、海外勤務をさせてほしいと上司に何度もお願いした経験があります。

しかし、上司からは「国内で山ほど仕事があるのに、海外に数年間行くなんてもったいない」と拒まれたのです。その当時、海外の事業所に転勤した社員たちは、「海外の会社のほうが自分の会社よりもずっといい」という理由で、辞めてしまう事態が相次いでいました。そういう事情もあり、会社側は社員を外に出そうとしなかったのかもしれません。

現在、日立では休職して海外留学する社員も喜んで送り出しています。いくつになっても学び直しはできますし、向学心を失わずに自らを成長させ続けていれば、会社の発展にもつながるはずです。

日本は世界の中でどう戦うべきか

内閣府が報告した「平成26年版 子ども・若者白書」によると、日本の若者は諸外国と比べて自己を肯定的にとらえている者の割合が低く、自分の将来に明るい希望を持っていないことがわかりました。

「自分の将来について明るい希望を持っているか」との問いに、「希望がある」「どちらかというと希望がある」と答えた日本の若者は六一・六%。アメリカやスウェーデンは九〇%を超え、お隣の韓国でも八〇%を超えているのに、日本は最下位です。

そして、「四〇歳になったときに幸せになっている」と答えた割合は六六・二%。他の国はすべて八〇%を超えているなか、やはり最下位です。

少子高齢化、年々膨らむ社会保障費、税収の落ち込み、先送りにされる年金問題——確かに、日本の抱える問題は山積みで、しかも解決のめどが立っていません。バブル崩壊後、長らく不景気が続き、今の若者はずっと閉塞感漂う社会で育ってきました。

それでも私は、日本の未来について楽観的にとらえています。

なぜなら、日本国民の民度の高さは、世界でもトップレベルだからです。

学力や識字率は高く、世界トップクラスの長寿国であるのと同時に、肥満度は低く、ものづくりにおいては最高峰の技術を誇っています。そして、東日本大震災のときに世界が驚嘆したモラルの高さと、団結力。日本人にはピンチのときの底力がまだまだあるのだと実感しました。そのような日本人の強みを武器にすれば、まだ世界でも勝負していけます。

現在、グローバル競争の場において、インフラの輸出が新たな主戦場になっています。

先進国はインフラの老朽化や少子高齢化対策に迫られ、新興国は電力や公共交通網、水道などの生活インフラ整備が喫緊の課題です。社会インフラの高度化とプラント整備が同時進行しており、世界では熾烈なシェア争奪戦が繰り広げられているのです。

日立は社会イノベーション事業に注力し、インフラ輸出に食い込んでいます。

その路線に切り替えた当初は、品質より価格が最優先され、メイドインジャパンの信頼性がなかなか受け入れてもらえませんでした。しかし、最近になってようやく価格競争が敬遠されはじめ、品質重視の傾向が出てきました。そうなると、日本企業にとってビッグチャンスです。正確な技術や、丁寧なメンテナンスなどが主導権を握るようになれば、長年かけて築き上げてきたメイドインジャパンの信頼性が、優位に立ちます。

さらに、日本は納期を守る、時間を守るといった精神面でもすぐれていますし、ムダを極力生み出さない省エネの意識も高い。それらも世界に通用する武器の一つです。

したがって、海外進出が進んでも、本社や研究所、マザー工場は日本におくべきだと私は考えています。日本独自の精神は、やはり日本にいるからこそ育んでいけるのです。外国人の社員が半数を超えたとしても、そこだけは変えるべきではありません。

国内にきちんと拠点を残した上で、積極的に海外に打って出る。そうすれば日本はこれから再び、世界の第一線で活躍できる国になるはずです。

悲観せず、皆さんにも日本の未来を信じてもらいたいと思います。

私が社員に送った「ラストメッセージ」

二〇一四年、三月三一日。

私は日立製作所の会長を退任しました。二〇〇九年四月から五年間に及んだ会長・社長業務はこれで終了したのです。

子会社のトップで終わるだろうと思っていた私の会社員人生が、思いがけない方向に舵《かじ》を切った五年間でした。

まだまだやりたいこともありましたが、年寄りが長く居座っている会社はダメだと常々感じていました。退任後は東原敏昭《ひがしはらとしあき》が社長、中西宏明が会長となり、新生日立製作所がスタートしています。企業はいつもそうやって、一つのプロジェクトを終えたら世代交代を繰り返し発展していくものなのだと、しみじみ実感しています。

とはいえ、私は完全に引退したわけではなく、お世話になった世間へのお礼の気持ちを込めて、みずほフィナンシャルグループの社外取締役、および、日立建機、日立化成の会長として当面改革に邁進《まいしん》します（編集部注：二〇一五年時点）。まだしばらくビジネスの世界への関わりを続けることになりそうです。

辞任するとき、私は日立グループの全社員に向けて、「日立のみなさんへ」というタイトルの文書をイントラネットにて公開しました。思いの丈を綴《つづ》ったら全二六ページにもなり、「メッセージ」と呼ぶにはかなりの分量になってしまいました。

日立は最盛期であった一九九〇年度の業績に近づくくらいまで回復しましたが、これからも平時の構造改革と持続的成長戦略を続けてほしいという想いがあります。

そこで、あえて「現在の日立の課題」と題して、危機から完全に脱したわけではないと釘《くぎ》を刺し、これから何をすべきなのかを伝える章にページの多くを割きました。営業利益率の推移や過去二〇年間の当期純利益の推移など、いくつものデータを示しながら、繰り返し平時の構造改革が重要だと説いたのです。最後の最後まで苦言を呈するところが、我ながら自分らしいラストメッセージだと思います。

将来の日立のトップについても触れたのですが、会社はCEOの器以上のものにはならない、経営者や従業員は会社にとって大事な「資本財」だ、というのが私の持論です。

自分の器を広げるためには、学習し続けなくてはなりません。そこで「会社のトップにいつまでも日本人男性が座るとは考えていない。外国人の男性・女性、または日本人女性にも機会は均等に開かれている」と書きました。

近い将来、日立グループのトップも外国人が務める日が訪れるかもしれません。ただ、願わくは、外部から招くのではなく、日立の中でそういう人材が育ってほしいと考えています。日立の女性社員にも、日頃から「いつかあなた達の中からトップが生まれるかもしれない」と鼓舞しています。

学習を続けていれば、そうした変化にも柔軟に対応できるはずです。自分から変化を起こす人材にもなれるでしょう。逆に、「うちの会社は、こういう会社だ」という既成の枠を持ちすぎていれば、変化することはできません。そういう意味でも、常に学習し、変化し、開拓者精神を持ち続けることが大切なのです。

私がこの文書で繰り返し記したメッセージがあります。

Remember, the best is yet to come!

「覚えておきなさい、最良のときはこれから来ることを」という意味です。

これは日立の社員だけではなく、日本の若いビジネスパーソンに送りたいメッセージでもあります。

ビジネスマン人生は楽しいことばかりではなく、困難なことやしんどいこともたくさんあるでしょう。それでも、そこで立ち止まらずに自分を信じて前進し、学習し続けていれば、最良のときが必ず訪れるはずです。

ラストマンとして生き続けた先に最良の日が待っているのだと、私は確信しています。

特別章

日立をV字回復させた「ラストマン」魂の言葉

――川村隆インタビュー

――「ラストマン」という考え方を大事にされていると聞きました

最終的な責任を自分で取る覚悟を持って、ものごとをやり切るのが「ラストマン」です。ところが、そもそも日本人は「Status quo」、つまり現状を維持することが好きなのだと思います。これは少し変わった国民性で、はるか昔から狩猟はあまりやらず、田んぼに水を引っ張ってくるようなことに、いつも関心があるのです。

「世の中は変わっていかない」という前提の下で、いろいろなことを繰り返し、それをキッチリとやり続けることにはとても熱心です。それは、海に囲まれている国だということも原因としてあるのかもしれません。

一九五〇年頃まではそれで良かったのですが、そこから先は、そううまくことが運ばなくなりました。世界中が一つのバリューチェーンになったからです。日本は以前と同じように海に囲まれてはいますが、実際には全部「世界とつながって」しまっているわけです。

そして、世界のほうでは変化が次から次へと起こる。その状況に「対応していこう」という意気込みが、世界の他の人に比べると、日本人はちょっと弱いと思うんです。まだ

「今の状況がずっと続くのではないか」と思っている節があるようです。

今のままでいけば、日本のエネルギー自給率は四%を下回り、お金はどんどん外国へ出ていってしまいます。日本はいわゆる「貧乏国」に戻るわけです。それに、出生率も下がってくる。九五〇〇万人でなんとか止めようとして、盛んに取り組みをしていますが、それがうまくいかなければ、極端な話、総人口五〇〇〇万人ぐらいの国になるかもしれません。「そうならないようにしよう」という覚悟を持って誰もが働いているのかどうか、ということが、あまりハッキリしないように思います。

今までも、現状維持で頑張ってきたつもりでも右肩上がりになっていたものだから、「今後もこの延長があり得る。もしくはフラットな状況が続いていくのではないだろうか」と、思ってしまっている人が、ちょっと多い気がします。

私が「ラストマンになれ」と言うときの「ラストマン」というのは、簡単に言えば、「最終的な責任は自分で取る」という意識で、覚悟を持って仕事をしている人です。そのためには、きちんと、客観的に状況変化を把握しなければならないし、自分の頭で考えて戦略を練らなければなりません。そのうえで、周りにきちんと戦略を説明し、変化を恐れずに断固実行していく必要があります。

――なぜ「変化をしないといけない」のでしょうか

現状維持をめざすと、衰退します。

だから、いわゆる「ザ・ラストマン」の心構えを持っている人が意思決定をして、変わり続けている世界に合わせて、「自分の組織体はどこを変えなければいかんか」ということを考えていかなければなりません。

たとえば、デジタル機器を作るのが日本より上手な国が出てきたとしたら、「○○の分野にもう一度お金を投じて頑張るから、その分△△は少し圧縮して、別の分野に人を使っていこう」――といったことは、その組織のラストマンが考えないといけません。

昔はそれを、日本の中だけを見て考えていればよかったのですが、今は違います。日本以外の人が、デジタル製品を組み合わせて作るのが上手《うま》かったり速かったりするわけですから。そのような変化が外で起きているときに、ラストマンがパッと考え、決断していかないといけません。「これはもう、変えないといけない」「今のままで静かにやっていくのが組織の人としてはいちばん嬉《うれ》しいかもしれない。でも、少し血が流れるかもしれないけど、組織を今の三分の一ぐらいに小さくして、物流も小さくして、ほんとうに日本人向けの超高級品だけ作るぐらいに小さくしよう」……など。あるいは「全部やめようか」「その人たちはこっちの領域に注力してもらおうか、こんな成長製品があるから」というように自分の頭で考えて変化に対応していくことは、ラストマンの心構えがなければできません。

——海外の企業では、そういう意識はすでに浸透しているものでしょうか

浸透しています。特に、かつて日本に「負けた」後に浸透したように思います。

一九八〇年代に世界中が日本に負けたわけです。それで世界は、「おかしい」と思った(笑)。「あんな資源のない、ちっぽけな国に負けるはずはない」「おかしい、おかしい」と、みんなそう思ったわけです。

それで、「日本に学べ」とばかりに、いろいろなことが起こりました。たとえば、ＧＥもシーメンスも、「やっぱりこれではおかしい」と考え、戦略を立て直そうとしました。

そうして一九九〇年代から後、ＧＥもシーメンスも、会社の中の考え方をだいぶ変えました。「昔から作っているものを、ずっと作っていれば良いわけではない」「世の中の変化

に応じて、自分たちが本当に世界をリードしていくものに集約していこう」ということを、随分やるようになったのだと思います。この動きは、GEみたいな有名な会社ばかりで起こったわけではありません。

アメリカのある農機具の会社でも、二〇〇〇年頃からは、「昔から先輩が作ってきたものをただ作って、お客さんが望むから続ける、というのではダメだ」と、変化の動きをガッと強めています。その会社の人たちの話を、アメリカで取締役会を開いたときにうかがいましたら、やっぱり「二〇〇〇年頃に目覚めた」と言っているわけです。

具体的には、次のように観察し、考え、行動したようです。

・前と同じことをずっとやっていても、もう成長はない。収益もゼロに近づいてきた
・だから、製品の集約をやり、組織（人）も集約しよう
・そして、会社の中の成熟産業から成長産業のほうに重心を移そう

これが一五年ぐらい前です。ただ売り上げが立っていれば良しとするのではなく、きちんと利益を上げられるようになっているかどうかを考える。一五年ぐらい前から、アメリ

カの普通の会社も、「売り上げだけではなく、利益を出して、それを社会に還元しよう」

――そういうふうに会社の役割を考えはじめていたのです。

・会社の役割は、社会に付加価値を戻すことである
・そのための最良の方法は、売上高ではなく、営業利益や最終利益を上げることだ

アメリカのほうが、これをめざして会社の中を作り直そうという気になっています。日本は、今やっと、これからやろうとしています。

――そのようなときに「大事にすべき考え方」はありますか？

端的に言えば「稼ぐ意識」です。アメリカでは、営業利益が一〇％以上ある会社は多い。GEは一五％前後ではないでしょうか。日立は今、やっと六％台（編集部注：二〇一五年当時）まで戻したところです。ところがアメリカでは、一〇年計画ぐらいで、いろいろな会社が数％台から一〇％超のところまで戻しているのです。

利益が出ると、できることは当然増えます。設備投資はもちろんできるし、人材投資、人材教育投資もできる、研究開発投資もできる、税金も納められる、従業員の給料も上げられる、部品の材料の納入社に対する価格も交渉できる。

それらは全部、社会に対する付加価値として戻っていくわけです。会社はやはり、そうでなくてはいけません。社会に付加価値を加えていくというところが一番の目的なのです。

CSR（企業の社会的責任）の全うといっても、なにもチャリティ・コンサートの支援をするとか、寄付をするだけじゃないはずです。一番の基本は、きちんと稼いで、それを社会に還元するということなのだと思います。

そこのところの意識も、日本では弱い。「稼ぐのは、いかがなものか」などと言う人が、まだまだいるものです。

――日本の企業がこれから考えていくべきこととは

自分のいる組織の「継続」だけを目的にしてはダメです。だから「ラストマン」として上位にいる人が、きちんと決断することが大切です。「部分最適」「全体最適」という言葉がありますが、やはり会社の「全体最適」を見られる人が決断をするほうがいいわけです。

ただ実際は、「部分最適」「全体最適」の判断はなかなか難しいものです。我々もこの言葉を随分使いながら改革を進めましたが、「全体最適のために……」と言ってみたところで、たとえば部門を縮小される側からすれば、たまったものではないと感じるものです。やはり「組織の継続」が大事だと思っている人が多いわけですから。

会社の構造改革をするときは、「自分たちの扱っている製品は、大先輩から代々続けてきたものだ」とか、「○○さんが創造したもので、日本で初めて作ったやつなんだ」「これは五〇年前に苦労して実現させたもので、それを潰《つぶ》すのはけしからん」という考え方も出てきます。それを説得するときに、「あなたの所を残そうとすると、つまり部分最適をやると、日立全体が潰れます。そうすると三二万人が路頭に迷うことになってしまいます」というように、全体最適の話で「押し通していった」という面が少しあるかもしれません。

――「全体最適」の考え方が薄くなると、どうなってしまうでしょうか

たとえば、あるフィルム会社は業績が悪くなった一方、富士フイルムは好調です。業績

の差ができた原因は簡単には割り切れませんが、「フィルム」や「フィルムのカメラ」という昔の製品に固執したかどうかが大きかったように思います。デジタルカメラが登場してきたとき、自分たちでもデジタルカメラを開発しているにもかかわらず、「昔からずっとやってきたカメラフィルムがまだ売れているから」「インスタントカメラも堅調で、売り上げも継続的に出ているから」と考えて……その水準がジリジリと下がっていても、〝物量〟で勝負することで、しばらくは社員を養うことができるかもしれません。

だからこそ、世の中の変化は「デジタル」のほうに移っていることはわかっていても、主体をそちらに移せないということになる。すると、どうなるか。結局、潰れるしかありません。

会社は相当小さくなってしまうかもしれないけど、まずデジタルのほうに移っていって、旧製品のサービスだけは残しておいて、あとの資源は新しいほうに移して……というふうに全体最適を実現していくことが必要なのです。私の中には、「何かに固執して、会社全体を傾かせるようなことにはならないようにしよう」という強い気持ちがあります。

――変化を拒む風土をつくっているものは何でしょうか

問題の一つは、年功序列にあるかもしれません。終身雇用はあっても構わないと思いますが、年功序列という制度の弊害には、本当に困ってしまうことが多いのです。

こっちのAさんが部長になったから、こっちのBさんも部長にしたい、などという考え方が出てきてしまう。Bさんにも能力があるならば当然良いのですが、「同年次に入ったから部長にしたい」なんて、そんなおかしい話はないわけです。パフォーマンスベースでものごとを考えないことには、会社はやっていけません。

そのうち、若い人たちがどんどん重要な役職につけられるでしょうし、それこそインド人の部長が来たりしたら、上司は外国人でしかも自分より一〇歳も若かったりする……もはやそのような時代になっている。そういう時期にきています。だから、その「練習」をしておかないといけません。

日立グループも今はまだ、三二万人の社員の中で、日本人は二〇万人を少し切るぐらいいます（編集部注：二〇一五年時点）。まだ日本人のほうが多い。売り上げも、まだ日本のほうが少し多いくらいです。ですが、「人」も「売り上げ」も、両方とも、いずれ逆転するはずです。

外国の人のほうが多くなって、日本人のほうが少なくなる。売り上げも海外のほうが多くなり、日本のほうが少なくなる。そうなったときの準備をしておかないと、日本人は、みんな脱落してしまいます。

「日本の中でなんとか海外への対応をしていこう……」などと言っていられないくらい、外の変化は強いものです。「日本の中で、なんとか無理矢理踏みとどまって頑張りましょう」ではなくて、「国境を越えて、どんどん展開していき、その状況の中で〝日本〟をどのぐらい残すか」ということを考える段階に、だんだんなってきます。


——どんな社員が増えるといいと思いますか

我々の会社の社員の現状の構成を見ると、ちょっと特殊ですが、理系の人が八割くらいでしょうか。とはいえ、電気系の会社や、モノをつくっている会社は、わりあい、みんなそうでしょう。

困っていることといったら、やはり〝リケジョ〟がなかなか採れないことです。〝リケジョ〟はこれからものすごく必要なのですが、たとえば「生物系のリケジョ」や「医学系のリケジョ」は多いのですが、「機械系のリケジョ」や「電気系のリケジョ」は、そもそもあまりいないのです。ましてや「原子力系のリケジョ」となると……だから非常に困っています。

リケジョにどんな部門で活躍してもらいたいかといえば、答えは「Everywhere」、どこでもです。たとえば日立建機にいる女性は、新しく作った大きな八〇〇トンの油圧ショベルの「転倒」に関する研究開発をやっています。油圧ショベルで、石炭を掘ったり、露天掘りをやるときに、何百トンという石炭を摑《つか》むわけです。そのとき、転倒が起こりやすいものなのですが、それをどうやっても転倒しないようにするにはどうすればよいか、ということを研究開発しています。大学のドクターコースを出て、会社の中の研究開発の仕事に就く人も、少しずつではありますが出てきました。そういう人を、もっと増やしていかなければいけないな、と思っています。

それも、「リケ〝ジョ〟」に増えてほしいと思っています。「リケ〝ダン〟」は当たり前すぎますし、これまでの「リケ〝ダン〟」のスタイルではダメだと思っているからです。

要するに、昔の男性の「残業なんかは、何時間でもやってもいい」「真夜中になるまで働いて……」というスタイルでは、この後、会社を続けていくことはできません。

これから、外国の人もたくさん職場に入って来るはずです。そんなときに毎日二二時、二三時まで働け、などと言っても、誰も従ってくれないでしょう。みんな一七時に帰ります。一七時に退社して、家族と晩ご飯を食べようとするでしょう。遅くまで働かないといけないような会社は、嫌だと言うはずです。「一七時に退社しても仕事が回るように、いろいろなことを工夫します」と言ってくる人もいるはずです。そういう外国人と、この後、交ざり合って仕事していくようになるのです。

だから、その前の段階で、日本の女性と一緒に仕事をして多様性の効果を実感しておかなかったら、おかしい、ということです。

女性と一緒の職場では、自然と「一七時には退社しないといけない」「急な出張は難しい」「一七時に帰れず保育園に迎えに行けないときは、別の手段を講じてください」ということに会社として対応する必要が出てきます。会社としては、保育園に迎えに行く係をつくるとか、あるいは〇時以降は別の人に仕事を引き継ぐなどする、といった具合に、とにかく仕組みを考えないといけません。そういう対応をしておかないと、会社が成り立たなくなる状況がくると思います。

やはり、「ちょっと考えの違う人が入ってくる」ということが、ものすごく大事なことです。我々も、取締役会に、違う考えの人をわざと入れて、どれぐらい〝日本人男性〟の凝り固まった先入観を壊せるか、という試みに取り組んでいます。まだその途上ではありますが。

――最後に、日本のビジネスパーソンにメッセージをお願いします

一人ひとりが変わり、その先で、組織も変わっていかないといけません。ただ、変化をするにしても、やはり組織というもののなかには、大変な抵抗力があるものです。

存続に関する抵抗力。現状を維持することをめざす抵抗勢力です。それに対応する苦労は、たとえば政治の世界の人たちも身にしみて知っているかもしれません。政府が何かの組織や団体を潰そうとしても、そう簡単にはいかないものですよね。

でも、会社では、状況が違います。なぜなら、人事権があるからです。会社では、人事権と、そして、少し血が流れるような対策をとる権利が経営側にある（もちろん、付随して責任と義務がある）。だから、企業の非常事態には、いろいろなことにわりあい早く対応

できるはずなのです。

組織で何らかの対策をとるときは、たいていは「血が流れる」ようなことになるものです。それが会社の非常時のようなときには、みなが納得して、「しょうがないな」となって力を貸してくれるので、やりやすい。でも、本当は、そうではない〝会社が平和なとき〟にも、改革を繰り返してやっていかないといけません。そうしないと、その後、うまくいかなくなってしまいます。これは、経営側としては辛《つら》いところではありますが、真実でしょう。

組織に変化をもたらそうとするときは、「もう少し後でやってくれればいいじゃないか」という人がいるものです。「俺の代が過ぎた後にやってくれ」と。

そうではなくて、やる人は相当な覚悟で、それこそ嫌われる覚悟を持っていなければダメです。あるいは、それを最初から宣言するべきです。「俺はこういう変化をもたらすために、ここに来たんだ」「こういうことをやるから」と。

日本では、部長になったりするときの挨拶《あいさつ》でも、「こんな変化をもたらすために来ました」と言わない人が多い。たとえば海外に赴任したときにも、現地で「なんとか皆さんの協力をいただいて、無事勤め上げたいと思います」などと挨拶する。それは〝バツ〟です。

辞めるときの挨拶で、「私は大過なく終わりました」。これも〝バツ〟です。「大過ない」ことなどは当たり前で、「何をやり切ったんだ」というところが大事なはずです。

本当はそういうときに、「私はこの部門のここを直すために来ました。三〜四年ぐらいでそれをやり遂げたいと思います」と、こう宣言するのが〝マル〟なんです。部下の協力をもらって何とか穏健に三年暮らして元の部署に戻るために来たのではないんだ、ということを、表明することが大事なのです。

しっかりと状況を把握して（情報を入手して）、プランを立てて、きちんと話す、そして実際に実行する――そんな基本的なことが、成果を出せる「ラストマン」を生むのだと思います。

※本章のインタビュー記事は「東洋経済オンライン」二〇一五年六月一七日および六月二四日に掲載されたものです。

おわりに──改めて考える「企業の社会的存在意義」

最近、東大の教授から、「大企業に就職したいと考える学生が減ってきた」という話を聞きました。

それでは学生はどんな会社に入りたいと思っているのかを問うと、起業をめざす人が増えているのだそうです。ユーグレナの出雲充《いずもみつる》さんも東大在学中にミドリムシの可能性を見《み》出《いだ》し、実用化をめざして研究していたと言います。そういう若者が増えると、日本の産業はもっと活発になっていくでしょう。「企業にぶら下がって生きていけばいい」と考えるのではなく、自らの力で市場を切り開いていこうとするのは健全な精神です。

これは世界的な傾向で、アメリカでも一流大を卒業して大企業に入る人は少なくなってきていると言います。アメリカはマイクロソフトやフェイスブックのように、学生のベンチャー企業が大成功をおさめる例もあるので、若者は自分のつくった会社で大きなことを成し遂げたいという想いが強いのでしょう。

加えて、リーマンショック後に、大企業は「悪」だというイメージが強くなりました。

このころから大企業は、株主の満足を得るために短期的な利益を上げることを重視している、コストを削減して下請け企業にしわ寄せが行っている、内部留保を使わずに人件費を削減している、などの批判を浴びるようになりました。アメリカでは、大企業のトップは破格の給料なのに現場で働く人は低賃金であることが格差を生んでいる、と問題視され、ウォール街でデモも起こりました。サブプライムローンの破たんにより世界的な金融危機が起きたのも、大手金融機関やヘッジファンドが低所得者向けの住宅ローンを証券化して儲《もう》けようとしたのが原因です。

さらに、石油や石炭などの資源を必要以上に使い、資源開発のために環境も破壊しています。このように、大企業の問題とされる点が次々と表面化し、批判されるようになったため、「大企業の存在は悪だ」という論調が勢いを増したのです。

確かに、大企業はさまざまな問題を抱えています。なかにはモラルがなく企業の利益に走るトップもいるのは事実でしょう。

しかし、私はそれでも大企業は社会に貢献できる存在であり、大企業でしかできないことも多々あると考えています。

今は大企業の社会的責任が変わりました。社会に富を還元したり、雇用を生み出したりイノベーションをつくりだしたりするだけではなく、社会的な問題の解決にも積極的に乗り出さなくてはなりません。短期的な利益を重視する、格差拡大、環境破壊、金融の大混乱といった点は確かに行き過ぎているので、大企業は是正していかなければならないでしょう。

今までは社会の土台を支えるのも、環境の対策を考えるのも、政府が主体的役割を果たすべきだと企業側はとらえていました。しかし、これからは企業も政府やＮＧＯ・ＮＰＯなどと組んでソーシャルビジネス（障がい者や高齢者の問題、環境保護、貧困などの社会課題を、ビジネスの手法を活用して解決すること）をも手掛けていくべきでしょう。これは、事業開発力や資金力のある大企業だからこそできることでもあるのです。

日立は国内の浄水場や下水処理場などの設備や、そういった施設での監視制御システムを構築してきた実績があります。その技術をもって、モルディブで水資源不足の解消を手掛けるプロジェクトを行っています。

南洋の楽園というイメージのあるモルディブには河川がなく、雨水や地下水を飲料用にしていました。ところが雨水を溜《た》める施設面積が不足し、地下水は生活排水で汚染され、海水が混じっていることもあり、飲み水には適さなかったのです。

そこで、日立が海水を淡水に変える技術を提供し、その水は市民の飲料水やホテルや公共施設のプールやシャワー、魚市場などで使われるようになったのです。たとえば魚市場ではきれいな水で魚を洗って処理できるので、食の安全を守ることができ、現地の人たちに大変喜ばれています。水のペットボトルも販売され、観光客にも飲まれるようになり、現地の人々の暮らしを豊かにするのにも役立っているのです。

このように、世界の多くの国で貧困からの脱出に向けて技術やスキル、知識などを提供するのが、大企業の社会的な存在意義でもあります。そして、社会に還元するための利益を蓄えるためにも、稼ぐ力をつけなくてはなりません。

もちろん、大企業が利益を独り占めするために稼ぐ力をつけるのであれば、世界から貧困は決してなくなりませんし、格差は開くばかりです。イスラム国のような過激派組織が生まれてしまうのも、資本主義社会がまだ完成されていないからではないか、と私は考えています。

産業のない貧しい国でも、きちんと資本主義が機能し、市民の生活を底上げできるようになれば、世界はもっと平和になるはずです。貧困が犯罪や戦争の原因を生んでいるのであれば、それを根絶するためにも企業ができることがあるのです。

企業は今、社会的な存在意義を見つめ直す時期に来ているのだと思います。


ところで、日立パワーアフリカ（現・三菱日立パワーシステムズアフリカ）という会社があります。日立本体から見ると孫会社のような会社で、現地化が進んでいる企業です。

電力事業を手掛けていて、発電所のボイラーの設計や据え付け、試運転を行うほか、ボイラーの据え付け関係部品も現地で製造しています。アフリカで雇用を生み出すのに貢献しているのです。


ここでは、面白い取り組みをしています。そこで働いている社員たちがお金を出し合って基金をつくり、その地域の住民たちにお金を貸しているのです。お金を借りた人の中には、発電所の社員などに弁当を販売する仕事を立ち上げた人もいます。子どもを抱えた母親たちがお金を借りて弁当を売って、家計を支えているのです。

これはバングラデシュのグラミン銀行（マイクロファイナンス機関：貧困層を対象に、低金利・無担保の融資を行う）のような取り組みでしょう。この話を聞いたとき、アフリカの貧しい地域で、自発的に生まれた取り組みであることに感嘆しました。現地視察の際、私の妻も弁当屋を見学しに行き、「こんなお弁当を売っていた」と報告してくれたのをうれしく聞きました。

これこそ企業による社会の変革、つまりは「社会イノベーション」だ、と言えます。自分たちの稼いだ利益を、地域に還元する。企業はそういう存在であるべきなのだと、この取り組みを通して改めて認識させられました。

そして、皆さんも、ご自身の会社を支える一員です。自分が普段何となくしている仕事でも、どこで誰を救うために役立っているのかを考えてみてください。そう考えると、働く意識も変わってくるかもしれません。

新書版あとがき――ポストコロナ時代の企業

日本企業の役割

私がさまざまな企業を見て歩くときによく感じるのは、欧米と比較して日本の職場は残念ながら「熱意なき職場」に見えてしまうことです。

研究開発の現場などは比較的静かな雰囲気であることが普通なのですが、それでも欧米企業の例だと、異国からの訪問者たる私からの突然の質問に対して、「私が今やっているのは、医療用マスクのこの微細繊維材料開発であり、結果はもうじき世に出ます。この型のわが社の先行マスクは世界シェア第三位につけており、私のこの微細繊維材料開発が成功すれば、世界シェアトップ、○○ドルもの売上期待もあります……」などと研究者が答えてくれたりします。研究の人が営業の人の分まで含めて、熱意ある説明をするのです。日本では残念ながらこうはいきません。

また、日立社内の毎年の社員意識調査において、各種質問に全世界の社員から回答が集まるのですが、日本人社員の回答がいつも一番控えめで遠慮がちで消極的でした。これには私もいつも落胆し、社内で何回も注意喚起を図ったものです。

輸出中心の成長路線の後、欧米の圧力で為替《かわせ》の恩恵を剝《は》がされ、内需への転換を強要された九〇年代以降の日本は、停滞路線一色の国になってしまいました。九〇年代以降は、日本のGDPは停滞したまま増えず、中国は往年の日本のような成長を遂げましたが欧米の干渉の中に今はあります。一方で、欧米は九〇年代以降も堅実なGDPの伸びを見せており、日本と明らかに違う風景なのです。

世界の中で特に日本では、古い利益団体が皆、競争を望まず、痛みのある改革に取り組まず、様子見しながら事態好転をじっと待つという組織風土になってしまっています。古い団体とは、大企業・中堅中小企業、経団連など業界団体、農協、銀行、労組、大学、医療、広告代理店、メディア、さらに中央地方政府などさまざまです。八〇年代までの日本の黄金時代に、いずれの団体も財力、政治力を蓄えることができたので、今日までこの停滞路線下でも何とか持ち堪《こた》えてきました。

しかし、これからのポストコロナ時代にはそうは行きません。需要の落ち込みの大きい業界が出てくるし、全体的にも二〇〇八年の世界金融危機のときを上回る需要不足が出てきます。痛みのある改革に前向きに取り組み、競争に立ち向かい、既存事業の労働生産性改革にも、新規事業開拓にも正面から取り組める企業だけが生き残れる時代がやってきます。

そのためにはまず、経営層と組織の中堅層、さらに若手層のすべての層において、組織内にどっかりと居座ってしまった「熱意なき職場病」からの脱却を図らなければなりません。

このときには、まずは経営層、中堅層のみならず、若手層をも含めた意識改革運動が必要です。

経営層・中堅層は前述の「既存事業と新規事業の二兎《にと》を追う改革」を、若手層は「小集団によるカイゼン運動」に基づく意識改革（「新書版まえがき」参照）によって、企業の本来責務を実行できるような「熱意ある職場」を日本中に復活させることです。

企業の本来責務とは、企業が毎年創出する付加価値の持続的向上により、ステークホルダー、そして社会に還元される付加価値を増やしていくことにあります。ちなみに企業の創出付加価値とは、「売上高マイナス仕入れ原価」のことであり、この値の全企業総合計が日本のGDPとなって、国力経済力の評価の基準になっているのです。
人口減少下にあってもGDPの持続的向上が実現できれば、日本は欧米諸国に比肩できる上位経済国に復帰できる条件が整い、国際社会でのリーダーの一員への復帰も展望できるでしょう。そして上位経済国に復帰して地球環境などの世界的課題に大きな貢献ができるようになってようやく、日本の安全保障も確保できるということでしょう。日本企業の果たすべき役割は大きいのです。

経営者がとくに大事にすべき考え方──「現状維持をめざすと衰退する」

企業経営者の仕事は、経営資源を最適配分することから始まります。
ヒト、モノ、カネ、情報という資源のうち、これまではカネが重要な要素でした。資本主義、株式会社、市場経済という人類の発明は、資本つまりカネを出発点としているから当然のことです。今後は、少し乱暴に言うと、カネとモノは従来比でやや重要度が下がります。カネもモノも、とくに先進国では比較的だぶついてきているからです。ただ、これには前提がいります。それは、「先進国でも途上国でも、社会格差は拡大基調であるが、その是正が今後もなされ続け、カネ、モノは従来以上に広く社会全般に行き渡り、格差は減少に向かう」という前提です。その中にあって、「ヒト」と「情報」という資源の使い方は従来に増して重要度が上がってきています。

経営者は、情報の取り扱い方に従来以上の工夫と努力が必要になります。

社内外で発生していることをモニターするのにも、瞬時に情報が世界中から集まってきて、それらを人名や企業名や発信者の付けた格付け他によってAIスクリーニングを行い、かつ最初の指示がすぐ出せるように、社内デジタル改革（DX）を済ませておく必要があります。DXとは「従来業務のデジタル化」などではまったくなく、「業務システムを、〝稼ぐ力〟の持続的向上型に変更すること」です。ここには経営者の思想が入って行かなければなりません。

経営者がデジタルデータ部門を直轄して、「自分は日々にはこういう数値と情報がほしい。各週では○○、各月では○○……」と指示し、「そのためにシステムはこういうインプットに対しこういうアウトプットを出せるように」と言わなければなりません。

また、経営者は人材育成や人材獲得など、ヒトの確保にこれまでより遙《はる》かに努力が必要です。現在では、企業価値は「株式時価総額＋有利子負債」等々で近似されていますが、いずれ社内の有為な人々の未来価値換算値がそれに加わってくるはずで、それくらい人材価値は重要になります。日本では相変わらず大学卒からの新規採用が主流で「育てる文化」ですが、欧米型の、出来上がった人材を「連れてくる文化」も同じくらい重要になります。

人材はすべからくプロフェッショナル人材でなければならず、年功序列・終身雇用制による従来型の枠組みは企業の中の一部分にのみ残される形になります。

企業にとって一番難しいが大切なことは、稼ぐ力増強のための平時からの改革です。現状維持をめざすと前述（特別章244ページ）のように衰退しますから、稼ぐ力の回復・増強をめざして改革をします。その改革の要点は、既存事業の中から今後の衰退事業を見極めて外に出すこと、残った既存事業の中からも生産性改革により稼ぐ力を増大した上で、外に出せる経営資源を新たに作り出すこと、そして衰退事業や既存事業から新しく生まれた経営資源たるヒト・モノ・カネ・情報を、あらかじめ社会実験などをしながら調べていた新事業に注ぐことです。新事業は、まったくの新分野というよりは、既存事業の周辺の土地勘のある事業などがよいでしょう。

現状維持をめざすだけの経営では企業が危機に落ち込むわけであり、危機以前からこの両立て経営、「二兎を追う経営」を常時やっておくことが経営の基本です。

創業者の次の二代目以降では必ずやらなければなりません。二代目以降では日本でも米国でも企業の利益率がじりじりと下がるのが実績的に見られますが、それは、経営者も従業員も競争を望まず、痛みのある改革を先送りにし、様子見経営をするのが原因です。それでも米国では平均的に一〇〇年近くは漸減的ですが、日本では二代目以降ただちに稼ぐ力の降下が始まる例が多いのです。日本全体に「真面目なのだが受動的な人々」と「熱意なき職場」が蔓延《まんえん》し、痛みのある改革に取り組まなかった結果がこれなのです。

以上、本書の最後に、経営者が今後取り組むべき重要な点について述べました。

〈了〉

※本書は二〇一五年三月に小社より刊行された同名の単行本を加筆・再編集したものです。

川村　隆（かわむら・たかし）
日立製作所名誉会長。
1939年、北海道生まれ。62年東京大学工学部電気工学科を卒業後、日立製作所に入社。電力事業部火力技術本部長、日立工場長を経て、99年副社長に就任。その後、2003年日立ソフトウェアエンジニアリング会長、07年日立マクセル会長等を歴任したが、日立製作所が7873億円の最終赤字を出した直後の09年に執行役会長兼社長に就任、日立再生を陣頭指揮した。10年度に執行役会長として最終利益の過去最高を達成し、11年より取締役会長。14年には取締役会長を退任し16年まで相談役。10年～14年日本経済団体連合会副会長、14年～19年みずほフィナンシャルグループ社外取締役、15年～17年カルビー社外取締役、16年～17年ニトリホールディングス社外取締役、17年～20年6月東京電力ホールディングス社外取締役・会長。
主著に本書の他、『100年企業の改革　私と日立』（日本経済新聞出版）がある。

ザ・ラストマン

日立《ひたち》グループのV字《じ》回復《かいふく》を導《みちび》いた「やり抜《ぬ》く力《ちから》」

川村《かわむら》　隆《たかし》

2021年 1 月 10 日　初版発行
2024年 10 月 25 日　12版発行

◆◇◇

発行者　山下直久
発　行　株式会社KADOKAWA
〒102-8177　東京都千代田区富士見 2-13-3
電話　0570-002-301（ナビダイヤル）

装 丁 者　緒方修一（ラーフイン・ワークショップ）
ロゴデザイン　good design company
オビデザイン　Zapp!　白金正之
印 刷 所　株式会社KADOKAWA
製 本 所　株式会社KADOKAWA

角川新書
　ISBN978-4-04-082393-5 C0234

KADOKAWAの新書 ❦ 好評既刊

破壊戦
新冷戦時代の秘密工作

古川英治

暗殺、デマ拡散、ハッカー攻撃――次々と世界を揺るがす事件の背後を探るため、著者は国境を越えて駆け回る。偽サイトのトロール工場を訪ね、情報機関の高官にも接触。想像を超えて進化する秘密工作、その現状を活写する衝撃作。

「婚活」受難時代

結婚を考える会

コロナ禍が結婚事情にも影響を与えている。急ぐ20代、取り残される30代後半、40代。会えない時代の婚活のカギは？　多くの事例をもとに、30代、40代の結婚しない息子や娘を持つ親世代へのアドバイスが満載。

サラリーマン生態100年史
ニッポンの社長、社員、職場

パオロ・マッツァリーノ

「いまどきの新入社員は……」むかしの人はどう言われていたのか？　ビジネスマナーはいつ作られた？　会社文化を探ると、日本人の生態・企業観が見えてくる。大衆文化を調べ上げてきた著者が描く、誰も掘り下げなかったサラリーマン生態史！

性感染症
プライベートゾーンの怖い医学

尾上泰彦

ここ30年余りで簡単には治療できない性感染症が増えている。その恐ろしい現実を知り、予防法を学び、プライベートゾーン（水着で隠れる部分）を大切にすることは、感染症から身を守る術を学ぶことでもある。

ヒトの言葉　機械の言葉
「人工知能と話す」以前の言語学

川添　愛

AIが発達しつつある今、「言葉とは何か」を問い直す。AIと普通に話せる日はくるのか。人工知能と向き合う前に心がけるべきことは何か。そもそも私たちは「言葉の意味とは何か」を理解しているのか――言葉の「未解決の謎」に迫る。